# PLURIEL

UNE ANTHOLOGIE, DES VOIX
  AN ANTHOLOGY OF DIVERSE VOICES

# PLURIEL

## UNE ANTHOLOGIE, DES VOIX
## AN ANTHOLOGY OF DIVERSE VOICES

Sous la direction de Marc Charron,
Seymour Mayne et Christiane Melançon

Edited by Marc Charron,
Seymour Mayne and Christiane Melançon

Les Presses de l'Université d'Ottawa
University of Ottawa Press

*Faithful to its original mandate—"to favour the development of higher culture"—the University of Ottawa Press (UOP) strives to produce books of quality for the erudite reader. The UOP publishes works in both French and English in the arts, humanities, and social sciences. For more information, please visit* www.uopress.uottawa.ca.

THE UNIVERSITY OF OTTAWA PRESS
Ottawa, Canada

© 2008 by the University of Ottawa Press, Marc Charron, Seymour Mayne and Christiane Melançon.

All rights reserved.

The University of Ottawa Press acknowledges with gratitude the support extended to its publishing list by Heritage Canada through its Book Publishing Industry Development Program, by the Canada Council for the Arts, by the Canadian Federation for the Humanities and Social Sciences through its Aid to Scholarly Publications Program, by the Social Sciences and Humanities Research Council, and by the University of Ottawa.

Catalogage avant publication de Bibliothèque et Archives Canada

Pluriel : une anthologie, des voix / sous la direction de Marc Charron, Seymour Mayne et Christiane Melançon = Pluriel : an anthology of diverse voices / edited by Marc Charron, Seymour Mayne and Christiane Melançon.

Poèmes. Comprend des réf. bibliogr. et des index. Texte en français et en anglais. ISBN 978-0-7766-0611-8

1. Poésie québécoise—20e siècle. 2. Poésie québécoise—20e siècle—Traductions anglaises. 3. Poésie canadienne-française—20e siècle. 4. Poésie canadienne-française—20e siècle—Traductions anglaises. 5. Poésie canadienne-anglaise—20e siècle. 6. Poésie canadienne-anglaise—20e siècle—Traductions françaises. I. Charron, Marc, 1963- II. Mayne, Seymour, 1944- III. Melançon, Christiane IV. Titre : Pluriel : an anthology of diverse voices.

PS8279.P58 2008          C811'.5408          C2008-900852-9F

# Table des Matières

# Table of Contents

| | |
|---|---|
| REMERCIEMENTS | 1 |
| ACKNOWLEDGEMENTS | 2 |
| PRÉFACE | 3 |
| PREFACE | 9 |
| POÈMES/POEMS | 13 |

### Acquelin, José
- ◆ (Quatre courts poèmes) — 14
- ◆ (Four Short Poems), *trans. Seymour Mayne and Marc Charron* — 15

### Alonzo, Anne-Marie
- ◆ Ce qui de moi s'évade — 16
- ◆ What of Me Escapes, *trans. Donald Winkler* — 17

### Bersianik, Louky
- ◆ La splendeur — 18
- ◆ Splendour, *trans. Donald Winkler* — 19

### Boisvert, Nathalie
- ◆ Home — 20
- ◆ Home, *trans. Donald Winkler* — 21

## Boucher, Denise
- [Sans titre] — 24
- *Trans. Donald Winkler* — 25

## Brun, Christian
- Compost — 26
- Compost, *trans. Donald Winkler* — 27

## Chiasson, Herménégilde
- Amériques — 30
- Americas, *trans. Seymour Mayne and Marc Charron* — 31

## Cotnoir, Louise
- [Sans titre] — 32
- *Trans. Donald Winkler* — 33

## D'Alfonso, Antonio
- Montréal — 34
- Montreal, *trans. Seymour Mayne and Marc Charron* — 35

## Desbiens, Patrice
- La chérie canadienne — 38
- Canadian Sweetheart, *trans. Seymour Mayne and Marc Charron* — 39

## Després, Ronald
- Nuit de la poésie acadienne — 44
- The Night of Acadian Poetry, *trans. Donald Winkler* — 45

## Dickson, Robert
- Au nord de notre vie — 48
- In the North of Our Life, *trans. Donald Winkler* — 49

## Étienne, Gérard
- Il neige dehors... — 50
- It's Snowing Out..., *trans. Donald Winkler* — 51

### Garcia, Juan
- Compagnons de la neige — 56
- Liegemen of Snow, *trans. Donald Winkler* — 57

### Ghalem, Nadia
- À l'amitié — 58
- To Friendship, *trans. Donald Winkler* — 59

### Lacelle, Andrée
- Le saut — 60
- The Leap, *trans. Donald Winkler* — 61

### Lalonde, Michèle
- Apatrie — 62
- Homeless Land, *trans. Donald Winkler* — 63

### Leblanc, Charles
- Le sacre du printemps — 68
- Rites of Spring, *trans. Donald Winkler* — 69

### Leblanc, Gérald
- Éloge du chiac — 72
- In Praise of Chiac, *trans. Donald Winkler* — 73

### Ltaif, Nadine
- [Sans titre] — 78
- *Trans. Donald Winkler* — 79

### Mathieu, Louve (Maïkam)
- L. — 82
- L., *trans. Donald Winkler* — 83

### Micone, Marco
- Speak What — 84
- Speak What, *trans. Donald Winkler* — 85

## Mohtashami-Maali, Arash
- Rêve sans retour — 90
- Dream Without Return, *trans. Seymour Mayne and Marc Charron* — 91

## Monette, Hélène
- Chant 93 — 92
- Song 93, *trans. Donald Winkler* — 93

## Nepveu, Pierre
- Le fantôme d'Anthony Griffin à Côte-des-Neiges — 96
- The Ghost of Anthony Griffin in Cote-des-Neiges, *trans. Seymour Mayne and Marc Charron* — 97

## Thérien, Michel A.
- Cortèges — 100
- Processions, *trans. Donald Winkler* — 101

## Torres Saso, Salvador
- En défense de la langue — 102
- In Defence of the Language, *trans. Donald Winkler* — 103

## Van Schendel, Michel
- Amérique étrangère — 104
- America the Foreign, *trans. Donald Winkler* — 105

## Young, Lélia
- Handicapée — 110
- Handicapped, *trans. Donald Winkler* — 111

---

## Josée-Anne Charron
- *If the yankees let one rip* — 113

## Acorn, Milton
- I've Tasted My Blood — 114
- J'ai goûté de mon sang, *trad. Monique Grandmangin* — 115

## Akiwenzie-Damm, Kateri
- Poem without end #3 — 116
- Poème sans fin nº 3, *trad. Christiane Melançon* — 117

## Atwood, Margaret
- The Animals in that Country — 120
- Les animaux, dans ce pays-là, *trad. Gilles Marcotte* — 121

## Clarke, George Elliott
- Vision of Justice — 124
- Vision de la justice, *trad. Pierre DesRuisseaux* — 125

## Cohen, Leonard
- What I'm Doing Here — 126
- Ce que je fais ici, *trad. Michel Garneau* — 127

## Crusz, Rienzi
- Conversations with God about My Present Whereabouts — 128
- Conversation avec Dieu au sujet de ma situation actuelle, *trad. Pierre DesRuisseaux* — 129

## Dabydeen, Cyril
- For Columbus — 134
- À Colomb, *trad. Pierre DesRuisseaux* — 135

## Di Michele, Mary
- Enigmatico — 138
- Enigmatico, *trad. Pierre DesRuisseaux* — 139

## Fiamengo, Marya
- In Praise of Old Women — 140
- Hommage aux vieilles femmes, *trad. Christiane Melançon* — 141

## Gasparini, Len
- Il Sangue — 146
- Il sangue, *trad. Pierre DesRuisseaux* — 147

## Irie, Kevin
- An Immigrant's Son Visits the Homeland — 148
- Un fils d'immigrant visite la mère patrie, *trad. Christiane Melançon* — 149

## Klein, A. M.
- Montreal — 152
- Montréal, *trad. Charlotte et Robert Melançon* — 153

## Kogawa, Joy
- What do I Remember of the Evacuation — 158
- Mes souvenirs de l'évacuation, *trad. Christiane Melançon* — 159

## Layton, Irving
- To the Victims of the Holocaust — 162
- Aux victimes de l'Holocauste, *trad. Michel Albert* — 163

## Livesay, Dorothy
- The Secret Doctrine of Women — 166
- La secrète doctrine des femmes, *trad. Jean Antonin Billard* — 167

## Lowther, Pat
- It Happens Every Day — 170
- Des incidents quotidiens, *trad. Diane Allard* — 171

## Marlatt, Daphne
- Kore — 172
- Korê, *trad. Arlette Francière* — 173

## Mayne, Seymour
- Before Passover — 174
- Avant la Pâque, *trad. Jacques Marchand* — 175

## Mazza, Antonino
- Canadese — 178
- Canadese, *trad. Pierre DesRuisseaux* — 179

## Ondaatje, Michael
- The Cinnamon Peeler — 180
- L'écorceur de cannelier, *trad. Patricia Godbout* — 181

## Parameswaran, Uma
- Chander I — 184
- Chander I, *trad. Pierre DesRuisseaux* — 185

## Purdy, Al
- The Country North of Belleville — 188
- Le pays en haut de Belleville, *trad. Léo A. Brodeur* — 189

## Rotchin, B. Glen
- The Lot — 194
- Le parking, *trad. Pierre DesRuisseaux* — 195

## Ruffo, Armand Garnet
- Poem for Duncan Campbell Scott — 200
- Poème à Duncan Campbell Scott, *trad. Pierre DesRuisseaux* — 201

## Waddington, Miriam
- Why Should I Care about the World — 204
- Pourquoi m'inquiéter du monde, *trad. Christiane Melançon* — 205

## Wong-Chu, Jim
- Fourth-uncle — 208
- Le quatrième oncle, *trad. Pierre DesRuisseaux* — 209

## Yee, Paul
- Last Words II — 212
- Derniers mots II, *trad. Pierre DesRuisseaux* — 213

**Young, Ian**
- For Constantine Cavafy — 214
- À Constantin Cavafy, *trad. Pierre DesRuisseaux* — 215

| | |
|---|---|
| NOTES SUR LES POÈMES | 217 |
| NOTES ON POEMS | 224 |
| NOTICES BIOGRAPHIQUES — POÈTES/ BIOGRAPHICAL NOTES — POETS | 231 |
| NOTICES BIOGRAPHIQUES — TRADUCTEURS/ BIOGRAPHICAL NOTES — TRANSLATORS | 267 |
| BIBLIOGRAPHIE | 269 |
| BIBLIOGRAPHY | 272 |
| AUTORISATIONS/PERMISSIONS | 275 |
| INDEX OF FIRST LINES OF POEMS | 279 |
| INDEX DES PREMIÈRES LIGNES DES POÈMES | 282 |

# Remerciements

Nous remercions Patrimoine canadien qui, par son soutien financier, a permis la préparation du présent recueil de poèmes. Nous sommes également reconnaissants à l'Université du Québec en Outaouais, ainsi qu'au Comité de la recherche et des publications de la Faculté des arts de l'Université d'Ottawa, d'avoir appuyé ce projet.

Nous tenons aussi à souligner la collaboration de nos assistants de recherche, Jordan Berard, Stéphane Côté, Pascale Drouin, Catherine Lemieux, Amanda Mullen, Geneviève Patenaude et Christal Steck, de même que celle de Monique Vaillancourt.

Nous remercions finalement les personnes qui ont participé à la traduction des poèmes, particulièrement Pierre DesRuisseaux, qui a traduit plusieurs poèmes de l'anglais au français, et Donald Winkler, qui a traduit du français à l'anglais.

# Acknowledgements

We would like to thank Heritage Canada for its financial assistance in the preparation of this anthology. We would also like to acknowledge the Research and Publication Committee, Faculty of Arts, University of Ottawa and the Université du Québec en Outaouais, for their support of this project.

In addition, we are quite appreciative of the collaboration of our research assistants, Jordan Berard, Stéphane Coté, Pascale Drouin, Catherine Lemieux, Amanda Mullen, Geneviève Patenaude, and Christal Steck, as well as of Monique Vaillancourt.

We are grateful to colleagues who participated in the translation of these poems, in particular Pierre DesRuisseaux who translated certain poems into French, and Donald Winkler who translated texts into English.

# Préface

## De voix poétiques et d'altérité

L'étude des poésies d'expression française et anglaise des cinquante dernières années au Canada révèle que, parmi les thèmes auxquels la poésie a servi d'instrument d'exploration et de définition, l'altérité figure aux premiers rangs. Lieux privilégiés de l'imaginaire poétique au Canada, l'*altérité* et ses corollaires *identité* et *diversité* jalonnent le discours poétique, interrogeant en continu les individus et les collectivités dans leurs dimensions sociales, culturelles, religieuses, ethniques et autres.

Partant de cette constatation, nous nous sommes demandé quelle variété de voix faisaient entendre les poètes au Canada au sujet de l'altérité sous toutes ses formes et manifestations. Ces voix pourraient-elles renseigner sur les intrications profondes de ces formes et manifestations avec notre conception de ce qu'est l'identité ? Après tout, le langage poétique n'a-t-il pas, souvent, cette qualité de se situer au-delà des idées reçues ?

Dans le discours poétique, comme dans tout autre discours, une personne ou collectivité qui se pose comme sujet (je, nous) est amenée à tracer ou à retracer les frontières de son identité et de son appartenance à un corps social, un lieu géopolitique ou une société. Entrent alors en jeu des rapports complexes d'inclusion et d'exclusion de *l'autre* pour se définir *soi*, réinventant ainsi de multiples espaces, carrefours où se côtoient, s'entremêlent, s'échangent, s'imbriquent des voix, des points de vue et des préoccupations qui donnent forme à autant de discours identitaires. Ces voix poussent tantôt à rejeter l'autre *hors de soi*, ciblant l'attention sur les différences et divergences, tantôt, à l'inverse, à accueillir l'autre *en soi*, misant plutôt sur la volonté d'étendre jusqu'à l'autre sa propre expérience. Ces voix forment, par un jeu complexe d'échos, ce que nous convenons d'appeler une « poétique identitaire ».

Convaincus de la valeur de cette poétique pour la connaissance des assises sociales, symboliques, imaginaires de notre société, nous avons réuni en une anthologie une pluralité de voix, un échantillon de textes qui mettent en jeu l'un ou l'autre des nombreux aspects des notions d'altérité, d'identité et de diversité au Canada. Explorant les territoires de l'imaginaire présent, les poètes y interrogent les fondements idéologiques, linguistiques ou politiques de notre collectivité, triant sur l'aplat du texte le moderne du désuet, passant au crible les schèmes de pensée dominants et ouvrant de nouvelles voies dans l'imaginaire collectif.

Résolus, dès le départ, à reproduire une facette de la complexité des enjeux discursifs liés à notre thème, soit l'altérité linguistique, nous avons opté pour une édition bilingue, qui présente une traduction de chaque poème en vis-à-vis. Force nous a été alors de constater, comme l'a déjà fait le discours critique, que ce thème pouvait se poser comme une remise en question ou un défi intégral à l'acte même de traduire. Notre anthologie soulève ainsi une interrogation sur ce qui advient de l'activité poétique, plus spécifiquement de l'expression de l'altérité, quand celle-ci est amenée à passer à travers le prisme de la traduction. S'y manifestent, dans de pareils cas, des figures de nature dialogique entre la traduction poétique et l'altérité. Cela se vérifie non seulement dans des textes dont les auteurs sont identifiables à l'une des deux principales communautés linguistiques du Canada, mais aussi chez des auteurs autochtones ou migrants qui proposent et une vision autre de l'altérité, tout en ayant choisi d'écrire en anglais ou en français. On voit alors l'altérité, dans son expression la plus *canadienne*, de biculturelle qu'elle était encore perçue hier, éclater ici en plusieurs poèmes où la dimension linguistique témoigne de son caractère multiforme et de sa complexité.

Pour toutes ces raisons qui ont motivé notre choix de textes et leur traduction, il est certain que nous ne pouvons parler d'*une* poésie au Canada, celle d'un groupe de poètes se réclamant d'*un* lieu, d'*un* pays, d'*une* nation ou encore d'*une* manière propre de pratiquer cet art. En effet, il n'existe pas *une* mais *des* poésies au Canada, qui témoignent chacune d'une volonté, pour le poète, d'affirmer sa différence, en somme *son altérité*, dans l'espace littéraire. Réunies, ces poésies révèlent leur hétérogénéité, leur pluralité discursive. Ce sont *des* poésies d'un lieu, d'une langue, d'une histoire. Des poésies d'un temps, passé ou présent. Des poésies d'un âge, d'une identité sexuelle. Des poésies d'une appartenance sociale, culturelle, raciale, religieuse ou ethnique. Des poésies résistant aux paramètres trop étroits des classifications courantes.

C'est ainsi à partir d'un matériau vivant, en constante mutation, dont la définition même posait problème, que des difficultés théoriques comme pratiques se sont mues en objet propre de réflexion. La coexistence, au sein d'*une* poésie au Canada, de poésies québécoise, anglo-canadienne, autochtone, néo-canadienne, etc., n'est-elle pas, en soi, un premier discours sur l'altérité ? La première caractéristique de cette poésie ne serait-elle pas, justement, cette hyperconscience de l'altérité, cette façon de se poser toujours comme l'autre de quelqu'un, un *alter* par rapport auquel le sujet écrivant se définit ?

## Lire, interpréter l'altérité

Nous pouvons ainsi lire la diversité et l'altérité, dans les textes que nous présentons ici, comme autant de signes d'une perpétuelle quête d'identité. Le poète José Acquelin, par exemple, nous apprend « que le ciel n'est d'aucun pays, s'il n'a pas pied en soi », plaçant le siège de l'identité au plus profond de soi, là où il faut descendre avant d'atteindre à l'autre. D'autres poèmes sont comme des appels à préserver la diversité pour rester soi malgré la menace de l'autre. « Notre fragilité n'a d'égale que notre endurance », écrit Herménégilde Chiasson. D'autres se jugent inaptes à cette recherche — « Je n'ai pas de talent pour le territoire » [Nathalie Boisvert] — ou transcendent l'altérité pour se définir : « Je suis de tous les pays » [Louise Cotnoir]. Il est aussi des poètes, nombreux, pour jeter un regard cynique ou douloureux sur les marques de l'altérité et de l'identité, déplorant une langue maternelle « devenue liqueur volatile » [George Elliott Clarke]. Il arrive même que le discours poétique aille, le temps d'un poème, jusqu'au refus de l'autre. Pour sa part, Anne-Marie Alonzo fait de la diversité et de l'altérité la fibre même de son être *multipliée* : « femme — immigrante — handicapée ».

De ces voix sur l'altérité émergent des figures évoquant des liens inéluctables entre les êtres « Le sang qui circule dans ta langue circule dans la mienne » [Len Gasparini], tantôt un désir de libération : « La parole des femmes me délivre », comme l'écrit Denise Boucher. Parlant de la diversité et de l'altérité, les poètes en explorent les valences positives, mais ne nous épargnent ni la joie, ni la douleur, ni le doute. Ainsi, le discours poétique au Canada n'a pas fini, dans sa diversité, d'interroger. *Soi, l'autre, l'identité*, loin de figer le sens de ces mots, les voix de nos poètes offrent l'assurance que le débat reste ouvert, qu'il pourra, comme il le fait depuis toujours, poser et reposer la question autant de fois que l'exigera le mouvement de l'histoire.

Le poème de Josée-Anne Charron, « *If the yankees let one rip* », illustre bien ce questionnement. Il met en vis-à-vis des fragments poétiques en français et en anglais qui s'enchaînent de manière à composer visuellement une feuille d'érable, restée vide en son centre. Nous avons réservé à ce poème l'espace central du livre, car, ni de l'une ni de l'autre langue, à la fois de l'une et de l'autre, il symbolise à lui seul la jonction — et la division — des poèmes originaux et de leur traduction, ainsi que le mouvement dynamique de l'interrogation sur l'identité.

Discours de l'altérité, le poème devient alors un lieu privilégié de rencontre et de partage. Qu'elle ait ou non l'identité pour thème central, en fait, la poésie est toujours un discours identitaire ; elle est toujours portée par le désir de tendre vers l'autre, de le convier à soi par le fil tendu des mots, que l'*être au monde* dont elle témoigne soit individuel ou collectif. Ce dialogue, soutenu dans un fragile instant par le plaisir des mots, permet de partager une façon d'être avec un lecteur étranger à soi. Vue sous cet angle, la poésie est, en même temps qu'une affirmation de l'identité, une invitation à transcender l'altérité pour atteindre à l'autre, incessant parcours dialogué entre l'*idem* (même) et l'*alter* (autre), qu'il soit d'une autre souche, d'une autre langue, d'une autre culture, d'une autre croyance, d'un autre sexe ou d'une autre orientation sexuelle.

L'altérité et l'identité restent donc des thématiques ouvertes, que le lecteur est invité à explorer en chacun des textes présentés avec leur traduction. La pluralité des voix, la diversité des lectures possibles et la richesse du matériau montrent qu'il s'agit bien d'un horizon ouvert, d'éléments d'une société en évolution, donc bien vivante. Le discours poétique au Canada ne saurait être, pour exister véritablement, que pluriel, nécessairement pluriel.

# Preface

*Pluriel* is not a brand new creation. Or totally new literary repository. For those in the know, a good number of the poems included here have been published before in various collections and anthologies. However, some of these favourites are now joined by less accessible and familiar work. And all but one of the poems, originally written in either English or French, are accompanied in this anthology by a complementary version in the other official language of the land.

So what is it we are trying to offer in this anthology? It is an experiment through which we wish to provide a composite snapshot, taken from a few particular angles, of the variety of poems written in Canada over the past few decades. Our editorial purpose is twofold. In the first instance, we were attracted to the diverse cultural and social responses evident in the work of poets writing in English and French, both across Canada, and in particular in Quebec and other French-speaking regions of the country. In addition to selecting an array of poems, we thought it advantageous to offer the work of the poets selected in both their original expression and in translation either into English or French, as the case may be. While we pared down our selection of poems, we took on the task of either finding each poem in a prepared translation or rendering the poems afresh.

The variety of poetry written in Canada today and its energetic production defeat any endeavour to set up but one approach or overarching pattern that would fit all. Attempts have been made to account for the plurality of poetics but none encompasses the variety of expression offered by our poets. While we followed our own tastes and interests, we considered the potential pairing of particular works with the hope that some dialogue or echoing among the texts would help shape a convergence of voices, no matter the language of the original poem.

This selection draws on the work of poets who have written and published over approximately the past fifty years. In most instances, the translation of their poetry was undertaken recently, giving the work a more up-to-date response and interpretation. As much as the selection offers a view of the diversity of poetry written in English and French over the past few decades, it is also an exercise in positioning the voices in the idioms of the other official language. At this time and for this project we decided not to draw on poems written in other languages in Canada but have kept the multiple dialogue to English and French — at least for the time being. Another anthology drawing on work written in Canada in a variety of languages but also translated into English and French would nicely complement our offering here.

*Pluriel* does not pretend that it is a definitive selection. We chose to select one poem each from an initial gathering of poets, some of whom made their mark a few decades ago with work that has stood the test of time and taste. One of the key voices who inspired this project was the late Montreal writer, A.M. Klein. Poets such as Klein also sounded the first affirmative expression of diversity in Canadian poetry, a practice that would reach full development with writers who soon followed after them. Choosing but one poem each for inclusion and translation afforded us the opportunity to fashion a selection that would take on its own book-length pattern and shape.

Klein's poem celebrating Montreal and its bilingual and multicultural urban scene, sets out the links to the selections by Acorn,

Cohen, Purdy, Waddington, and others whose poems in turn create bridges to other poems in *Pluriel*, offering plural connections and diverse echoes underlining a range of response that is a celebration and highlighting of the central motif of this anthology. The poems are set in a multiple dialogue of subject and voice, providing the reader with a choice of entrance ways to explore and enjoy while entering and leaving each poem's unique shared space.

# Poèmes/Poems

# José Acquelin

(Quatre courts poèmes)

les oiseaux nous reviennent comme ils nous ont quittés
parce qu'ils sont du pays du ciel
parce que le ciel n'est d'aucun pays
s'il n'a pas pied en soi

*

la pierre d'où je pars vole déjà
il y a autant de lumière que les enfants sortant de l'école
un soleil passe dans la baignoire d'un nuage
donne-moi ta main je te redonnerai la mienne

*

tu me touches et l'océan délace ses secrets
tu m'embrasses : la tendresse est la nudité de la tempête
ici chaque bouche est un animal à deux sexes
pour que l'amour soit l'autre sagesse de la solitude

*

quiconque reconnaît autrui comme sage
connaît la sagesse en soi-même déjà
mais quiconque se reconnaît dans un miroir
oublie l'existence du miroir lui-même

# José Acquelin

(FOUR SHORT POEMS)

the birds are flying back to us like the way they left us
because they are from the land of the sky
because the sky is of no country
if it doesn't set foot on itself

*

the stone from which I leave is already flying
there is as much light as children coming out of school
a sun passes into a bathtub of a cloud
give me your hand and I will hand you back mine

*

you touch me and the ocean unravels its secrets
you kiss me: tenderness is the nakedness of the tempest
here each mouth is a creature of two sexes
so that love becomes the other wisdom of solitude

*

whoever acknowledges the other as wise
already knows wisdom itself
but whoever discovers himself in a mirror
forgets the existence of the mirror itself

*Translated by Seymour Mayne and Marc Charron*

# Anne-Marie Alonzo

## CE QUI DE MOI S'ÉVADE

Différente dès la venue au monde. différente dissemblable
marginale aussi. qui suis-je multipliée par trois : femme —
immigrante — handicapée. de tous mes yeux bleus verts bruns.
de toutes mes langues et couleurs de toutes mes peaux moi
qui ne suis ni noire ni blanche mais entre deux.

toujours entre deux.

jamais unie dans toutes mes différences mais jamais déchirée
non plus. entière dans un corps fracturé blessé mais dans la moelle
avant tout seule entourée JE suis là me réclame de tout ce qui m'est
advenu.

se dire ceci.

rien n'est en moi possible sans mes trois vies mes trois paires d'yeux
sans mes trois couleurs mes trois langues et mes trois peaux.
sans mes *trois* je ne suis pas.
si mes yeux verts tombent je ne vois plus même si restent mes
yeux bleus et yeux bruns et si ma langue arabe tombe alors ma
langue française ne répond plus et si ma couleur noire ne vit
pas sur une de mes trois peaux je deviens invisible.

je vis multiple parle d'abondance regarde tous pays qui à voir se
donnent — il y a aussi cela — les voyages!

vivre de voyages je deviens intérieure je cherche creuse trouve aussi
ce qui — de moi — s'évade fuit s'en va sans m'emporter.

# Anne-Marie Alonzo

## What of Me Escapes

Different from my coming into the world, different dissimilar marginal as well. who am I multiplied by three; woman — immigrant — handicapped. with all my blue green brown eyes. with all my tongues and the colours of all my skins I who am neither black nor white but between the two.

always between two.

never one in all my differences but never torn.
entire in a broken wounded body but in the marrow above all alone surrounded I am there reclaim myself from all that has impinged upon me.

tell oneself this.

nothing in me is possible without my three lives and my three pairs of eyes without my three colours my three tongues my three skins. without my *three* I am not.
if my green eyes go I do not see the same if my blue eyes and brown eyes stay and if my Arab tongue goes then my French tongue no longer answers and if my black hue's not alive on one of my three skins I become invisible.

I see multiple speak with abundance see all lands that when seen call forth — there is that too — journeys!

to live from journeys is to exist within I seek forage find also what — from myself — escapes flees moves on without carrying me away.

*Translated by Donald Winkler*

# Louky Bersianik
## [Lucille Durand]

### LA SPLENDEUR

    laisse-moi t'approcher
    laisse-moi te toucher toute et te fragmenter par petites touches
    laisse-moi ma plurielle de fond en comble te dévaster
    trouver réunies au secret ma soif et mon ruisseau ma verdure et ma faim
    lécher jusqu'au cœur notre vaste complot
    laisse mon corps immobile entrer chez lui par les seuils incalculables de ton corps inamovible
    laisse s'accomplir à l'infini vertigineux du temps vertical cette opération-extase infiniment longue et infiniment aimable
    que mon désir me conduise à tes seins et que le satin soit la doublure de ma bouche tissé sur ton cœur battant
    laisse-moi connaître ton sexe et qu'il soit ou non de velours laisse-moi le bercer
    laisse-moi recueillir l'huile prodigieuse de cette amande douce pour en lisser les feuillages de ta vulve
    laisse-moi naviguer en toi
    laisse-moi faire ce naufrage dont nous rêvions et laisse-moi en ta perdition
    laisse-moi aborder au clitorivage heureux de ton corps heureux laisse-moi m'y reposer
    laisse-moi me reposer en toi de cette définitive splendeur

# Louky Bersianik

## SPLENDOUR

    let me approach you
    let me touch you entire and undo you with the lightest of touches
    let me ravage you my plural from top to toe
    find united in secret my thirst and my running brook my hunger and my green growth
    lap to the heart our vast conspiracy
    let my still body come home to itself through the unnumbered thresholds of your body unassailable
    in time's vertical dizzying infinite let this endlessly long and endlessly pleasing act of ecstasy come to pass
    may my desire guide me to your breasts and may my mouth's lining be satin enmeshed with your beating heart
    let me have knowledge of your sex and let me lull it be it velvet yes or no
    let me harvest the bountiful oil of this sweet almond to smooth with it your vulva's leafing
    let me navigate in you
    let me contrive this shipwreck of our dreams and let me share in your distress
    let me land on this clitoristhmus, your body's happy shore and let me find peace there
    let me find repose in you from this ultimate splendour

            *Translated by Donald Winkler*

# Nathalie Boisvert

## HOME

Je n'ai pas de talent pour le territoire
je n'ai pas encore compris le mot *home*

Je le cherche dans

>    les paupières à demi-closes
>    les sourires qui se fanent
>    les démesures inavouées

>    dans les odeurs
>    dans la texture d'une peau
>    dans la perspective de la mort
>    dans la courbe inquiétante du temps

*home   home*
il y a un cri étouffé dans l'o
le cri n'aura pas lieu
le cri ne s'entend plus

*home*
mère
amour, mort, mur et masque
deux lèvres se pressent
l'une contre l'autre
dans un ultime mouvement

# Nathalie Boisvert

## HOME

I have no gift for territory
I do not yet understand the word *home*

I seek it in

> half-shut eyelids
> smiles that fade
> unavowed excesses

> in scents
> in the texture of skin
> in death's perspective
> in the unnerving slope of time

*home   home*
there's a strangled cry in the o
the cry will not be voiced
the cry is no longer heard

*home*
mother
mirth, murder, mural and mask
two lips press together
one on the other
in a last impulse

de sécurité

Je n'ai pas de talent
pour le territoire

Je ne sais plus d'où je viens
je cherche
et je ne trouve

qu'une mince, très mince impression

de déjà-vu

dans une certaine lumière

lorsqu'on ne sait plus

s'il fait jour

ou

s'il fait nuit

le crépuscule

est le seul *home* que je connaisse.

of security

I have no gift
for territory

I no longer know where I come from
I seek
and I only find

a pale, very pale impression

of déjà-vu

in a certain light

when one no longer knows

if it's day

or night

twilight

is the only *home* I know.

*Translated by Donald Winkler*

# Denise Boucher

je viens comme une mante religieuse
dévorer le sur-mâle le héros le surhomme
et aspirer ta hache de guerre ô omme

j'ai la démarche effrontée des pécheresses
mes vastes hanches sont les berceaux
des chocs historiques

avec chacune de mes larmes
perclues de malheurs
j'ai rongé chacune de mes chaînes
comme un cargo

la parole des femmes me délivre
sa lumière coule d'or en mon gosier
les mots se dégoîtrent
mes oreilles ne sanglotent plus

mes souvenirs sont des statues de sel
mes cyprines mouillent un sexe nouveau

après avoir bu tous vos symboles
comme une alcoolique
je viens comme une mante religieuse
boulimique

# Denise Boucher

I come like a praying mantis
to gulp down the super-male the hero the superman
and to sweep up your war club oh man

mine is the brazen gait of a sinner
my broad hips fertile ground
for historic upheaval

numb with misfortune
with each of my tears
I have gnawed all my chains
like a freighter

women's words are my deliverance
their light streams like gold in my throat
the words ungoiter
my ears no longer sob

my memories are effigies of salt
my love juice makes moist a new sex

having drunk down all your symbols
like an alcoholic
I come like a praying mantis
bulimic

*Translated by Donald Winkler*

# Christian Brun

## COMPOST

« j'ai planté partout mes jardins d'absence
il y pousse parfois des fleurs inattendues
blanches surtout, tiges longues.
je ne sais qui les a accueillies. »

— Léonard Forest

le pays que je charrie,

    je le nommerai
        mama mia
        chiac qui craque
        right on pis so what
        le pays d'étrangetés et d'étrangers
        comme si je tranchais ma propre brise

le pays que je charrie,

    je le porterai
        dans mes rides
        sous ma première layer de peau
        dans le vino entre la bouteille pis l'orifice
        de mes babines
        - glou glou to you
        dans le café que je grind de saveur
        au bout de la langue - watch toi ça coupe

# Christian Brun

## Compost

"everywhere I have sown my gardens of absence
where at times unsummoned flowers bloom
white above all
long stemmed,
who gathered them I do not know"

— Léonard Forest

the land I lug along,

    let me name it
        mama mia
        chiac that cracks
        *right on* and *so what*
        land of strangeness and strangers
        as if I cut off my own current of air

the land I lug along,

    let me carry it
        in the lines on my face
        under my top layer of skin
        in the vino between the bottle and the parting
        of my lips
        - *glug glug to you*
        in the coffee I *grind* with zest
        on the tip of my tongue — that's sharp *watch toi*

        entre les traits d'syndiqués
        de mon expression mesquine quand j'la sors
        dans mon badjeulage
        entre les gouttes d'ice cream qui coulent
        sur la terre des premiers arrivés
        dans mes images
        de Pierre, Vincent pis même du Chevalier

le pays que je charrie,

    je le dirai
        à ceux qui font pitché autant qu'aux orateurs tannants
        (dans le fond ils s'éliminent au dernier calumet)
        à la mer en l'air
        aux porteurs de flag pis aux je-care-pas
        au mal dans la bouche pis aux biens dans l'assaut
        aux croches pis aux passifs
        aux oxy-gènes pis aux suffoqués
        au vent qui waque

le pays que je charrie,

    je pense que je l'ai vu
    dans la poussière sous le tapis d'une gravure

        among the union man traits
        in my nasty glare when I bring it to bear
        in my *badjeulage*
        between the gouts of ice cream that drip
        onto the land of the first to arrive
        in my picturing
        of Pierre, Vincent, and Chevalier too

the land I lug along

    I will recount it
        as much to the harangued as to the tiresome declaimers
        (when you come down to it they do themselves in with
        the last pipe of peace)
        to the sea in the air
        to flag bearers and to the I-couldn't-care-less
        to the hurt in the mouth and to those who do fine in a fight
        to the bent and the shy
        to the oxy-genes and to the short of breath
        to the wind that whacks

the land that I lug along

    I think I spotted it
    in the dust under the cloth dropped over a carving in stone

        *Translated by Donald Winkler*

# Herménégilde Chiasson

## Amériques

Nous sommes greffés au bord de l'eau
comme la soif des oiseaux.
Inondés.
Vague après vague, le ciel devient lumière, devient rose,
devient mauve puis glisse dans l'océan
comme une promesse mal contenue.

Nous sommes venus par la mer aux Amérindiens
comme des extra-terrestres. Leurs tatouages et leurs
crinières glissaient inexorablement vers les dentelles et
les perruques. Leur monde de fourrures et d'excès allait
disparaître dans la bande dessinée rose et mauve
qu'allait devenir l'Amérique. L'Amérique allait se
manifester. L'Amérique s'est manifestée.
Et nous sommes peut-être ces gens-là, descendants de
coureurs de bois et d'un univers de boucane dans les
wigwams où l'on échange son cœur pour des miroirs.
Nous sommes les survivants de toutes les rumeurs et de
toutes les peurs imaginables.
Notre fragilité n'a d'égale que notre endurance.

Il y eut le pays et ensuite il n'y eut qu'une grande fosse
sur laquelle on entendait siffler la misère et l'errance.
Quand on arrache à la bête son repas,
quand on tue la bête, qu'on la mange,
qu'on devient comme elle.

Jusqu'où va-t-on porter sa peine
avant de reconnaître son humiliation.

# Herménégilde Chiasson

## Americas

We cleave to the waterfront
like the thirst of inundated
birds.
Wave after wave, the sky transforms itself into light, to pink,
then to purple and slides into the ocean
like a poorly composed promise.

Like extraterrestrials we came by way of the sea
to Native Americans. Their tattoos and manes
inexorably slid until they became lace
and wigs. Their world of fur and excess would
disappear into the pink and purple cartoon
that was to become America. America was going to
reveal itself. America revealed itself.
And perhaps we are those people, descendants
of the *coureurs des bois* and of a world of smoke in
wigwams where hearts are traded for mirrors.
We are the survivors of all imaginable rumors
and fears.
Our frailty is only equal to our endurance.

There was a country and then there was only a large pit
in which wandering and misery could be heard.
When you take away the meal from the animal,
when you kill it, when you eat it,
you become just like the beast.

To what extent do you bear your grief
before you discover your humiliation.

*Translated by Seymour Mayne and Marc Charron*

# Louise Cotnoir

Je suis de tous les pays, le sexe marqué.
Même si je ne veux plus de passé,
il coule dans mon sang.
Ma mère, mes sœurs m'appellent Victoria.
Petite fille
aux yeux noirs d'horreurs profondes
comme la jungle d'où je viens.
« Moi seule je sais ».
Une à une, je dis, la vulve déchirée
ou branchée aux électrodes.
Une à une, au nom de la tradition,
j'entends mes cris dans le tambour,
je vois rouge partout et les flammes.
Une à une, je dis, excisée.
Dans la langue mortifère, je ne parlerai pas.
Excisées, vous entendez ?

# Louise Cotnoir

I am of all lands, my sex defaced.
Even if I want no more past
it runs in my blood.
My mother, my sisters call me Victoria
Little girl
deep horror in dark eyes
like the jungle from which I spring.
"I alone know."
One by one, I say, the vulva torn
or hooked up to electrodes.
One by one, in custom's name,
I hear my cries in the drum,
on all sides I see red and flame.
Excised, I say, one by one.
I will not speak this deadly language.
Excised, do you hear?

*Translated by Donald Winkler*

# Antonio d'Alfonso

## Montréal

Montréal c'est une grand-mère italienne penchée
qui cueille une tomate dans un jardin d'été

Montréal c'est un réverbère qu'un coup de pied
de jeune fou réveille la nuit

Montréal c'est le miracle que l'athée
souhaite rencontrer en Amérique

Montréal c'est une bombe de mai
qui éclate dans les boîtes à lettres du néant

Montréal c'est le poète qu'on aime
dans la cour du presbytère de Notre-Dame

Montréal c'est une fleur de lys qu'on arrache
de la bouche des jeunes mariés

Montréal c'est un coucher de soleil californien
qui enflamme la dix-neuvième à Saint-Michel

Montréal c'est le bunker de Sherbrooke
remplacé par les dettes des Olympiens

Montréal c'est un Robin des Bois à l'envers
il vole des pauvres et donne aux riches

# Antonio d'Alfonso

## Montreal

Montreal is an Italian grandmother bent over
picking a tomato from her summer garden

Montreal is a streetlight awakened at night
by a young punk's kick

Montreal is the miracle the atheist
wishes to encounter in America

Montreal is the explosion of May
blowing up the mailboxes of nothingness

Montreal is the poet we love
in the courtyard of the rectory of Notre Dame

Montreal is a fleur-de-lis wrenched
from the mouths of newlyweds

Montreal is a Californian sunset
setting 19th Avenue in Saint-Michel aflame

Montreal is the bunker of Sherbrooke
replaced by the debts of the Olympians

Montreal is a Robin Hood in reverse
He steals from the poor and gives to the rich

Montréal c'est le bambin qui demande à sa mère
de faire la putain pour qu'il puisse voyager

Montréal c'est la nuit qui s'habille
comme un lilas au printemps

Montréal c'est un homme qui aime une femme
qui aime un homme qui aime une autre femme

Montréal c'est l'usine de serviettes
qui exploite les enfants l'été de leur innocence

Montréal c'est une taverne où les camarades font l'amour
en se lançant des verres de bières en pleine face

Montréal c'est l'hexamètre
qui danse comme un alexandrin

Montréal c'est le Tibre tout enneigé
un livre d'amoureux qui ne finit pas

Montréal c'est un lit qu'on défait l'après-midi
une passion de février qui cimente une langue au métal

Montréal c'est Mars Saturne et Jupiter alignés au-dessus
du mont Royal et qui chantent comme Claude Gauvreau

Montréal c'est là où je suis né moi l'apatride
Montréal c'est là où l'on va m'enterrer

Montreal is the small child who asks his mother
to sell herself so that he can travel

Montreal is the night dressed up
like spring lilacs

Montreal is a man who loves a woman
who loves a man who loves another woman

Montreal is a hand towel factory
who robs the children in summer of their innocence

Montreal is a tavern where friends make love
by throwing glasses of beer in each other's face

Montreal is the hexameter
dancing like an alexandrine

Montreal is the Tiber all snowed under
a book for lovers that never ends

Montreal is a bed that you mess up in the afternoon
a February passion that sticks a tongue to metal

Montreal is Mars Saturn and Jupiter aligned over
Mount Royal and singing like Claude Gauvreau

Montreal is where I was born stateless
Montreal is where they'll bury me

*Translated by Seymour Mayne and Marc Charron*

# Patrice Desbiens

## La chérie canadienne

je suis la chérie
canadienne.
je suis le franco-ontarien
dans le woolworth
abandonné de ses rêves.

la neige brûle
dans la fenêtre.
ma sœur a honte de
parler français.
son caniche est épileptique.
elle fait jouer sa collection
complète de
hank williams, prend
une poignée de valium et
se couche.
mon frère est épileptique.
il boit comme un trou.
il joue de la guitare et de
l'harmonica avec ses amis
dans la maison de ma
mère.
il tombe sans connaissance
en se rasant.
ma mère pleure.
j'ai peur.

# Patrice Desbiens

## CANADIAN SWEETHEART

i am the canadian
sweetheart.
i am the franco-ontarian
in the abandoned
woolworth of his dreams.

the snow glows
in the window.
my sister is ashamed
to speak french.
her poodle is epileptic.
she plays her full
collection of
hank williams, takes
a handful of valium and
goes to bed.
my brother is epileptic.
he drinks like a fish.
he plays guitar and
harmonica with his friends
in my mother's
house.
he loses consciousness
while shaving.
my mother cries.
i am scared.

la télévision rit
quelque part
au fond de la maison.
mon père est mort d'une
crise cardiaque
dans une chambre d'hôtel à
north bay.
quelqu'un vole sa valise
avant qu'on arrive.
des souvenirs de timmins
ontario adhèrent à mon
corps comme du
frimas.
des matantes et des mononcles
me tournent dans la tête
comme une veillée de
noël.
je vis à toronto ontario.
j'ai un larousse de poche
avec 32 000 mots.
je trébuche sur ma langue.
ma langue se détache de
ma bouche.
elle se tortille, elle frémit
comme un chien mourant
sur la rue yonge.
vive le québec libre.

vive le québec libre.
je suis la chérie
canadienne.

somewhere
at the back of the house
the tv is laughing.
my father died
from a heart
attack
in a hotel room
in north bay.
somebody steals his suitcase
before we get there.
memories of timmins
ontario stick to my body
like frost.
aunts and uncles
spin in my head
like a christmas
eve party.
i live in toronto ontario.
i have a pocket dictionary
with 32,000 words.
i trip up on my tongue.
my tongue detaches
itself from my mouth.
it turns and twists, it quivers
like a dog expiring
on yonge street.
long live a free quebec.

long live a free quebec.
i am the canadian
sweetheart.

je suis le franco-ontarien
cherchant une sortie
d'urgence dans le
woolworth démoli
de ses rêves.

toronto — 1978

i am the franco-ontarian
looking for an emergency
exit from the
torn down woolworth
of his dreams.

toronto — 1978

    *Translated by Seymour Mayne and Marc Charron*

# Ronald Després

## Nuit de la poésie acadienne

Un pays d'emprunt
Accroché au cintre de la mémoire
Beau manteau d'apparat
Et qui s'effiloche de l'intérieur
Dans l'ultime trahison
Des manches muettes
Et des épaules ployées.

      Un pays transi et frileux
      Comme un hôtel de brume
      Qu'on aime et qu'on évoque
      À grands gestes de grève
      Et de héros engloutis.

      Un pays qui est à nous sans l'être
      Fait de visages timides
      De sourires inavoués
      Et d'impossibles retours.

Un pays comme une maîtresse partagée
À même la couche du plus fort
À même la fourberie réinventée
Et ce goût de haine au réveil.

      Et tout à coup
      Un pays dévoré

# Ronald Després

## THE NIGHT OF ACADIAN POETRY

A borrowed land
Hung on memory's hanger
Beautiful coat for display
All frayed within
In the ultimate treason
Of bowed shoulders
And mute sleeves.

>A chill numb land
>Like a fog-bound hotel
>That is loved and summoned
>By the strand's open arms
>And heroes overcome.

>A land that is ours and is not
>Made of fearful faces
>Unavowed smiles
>And impossible returns.

A land like a mistress shared
In the very bed where power lies
Where deceit itself is conceived anew
And waking brings with it the aftertaste of hate.

>But all at once
>A land devoured

        Par un feu longtemps contenu
        De guitares qui chantent
        De poèmes qui lèchent le cœur
        De coudes serrés dans la pénombre du songe.

Un pays au galbe chaud
Un pays au manteau de brume
Rompu comme des os
Trop longtemps cravachés.

        Tout à coup
        Un pays nu sans frisson
        Un pays de prunelles fières
        Et de poings tendus
        Vers la lumière.

Tu es, mon Acadie
— Et sans douleur, cette fois —
Pays de partance.

> By a flame long held in check
> Of guitars that sing
> And poems that lap the heart
> Shoulder to shoulder in the shadow light of dreams.

A land of warm slopes
A land cloaked in mist
Sundered like bones
Scourged far too long.

> All at once
> An untrembling naked land
> A land of proud eyes
> And of fists held out
> Towards the light.

You are, my Acadie
— And this time free from torment —
A land of new beginnings.

*Translated by Donald Winkler*

# Robert Dickson

## AU NORD DE NOTRE VIE

    ICI
où la distance use les cœurs pleins
de la tendresse minerai de la
terre de pierre de forêts et de froid

    NOUS
têtus souterrains et solidaires
lâchons nos cris rauques et rocheux
aux quatre vents
                    de l'avenir possible

# Robert Dickson

## IN THE NORTH OF OUR LIFE

    HERE
where distance drains hearts full
with mineral tenderness with
this land of stone and woods and chill

    WE
obstinate constant and hidden
loose our hoarse and rock-born cries
to the four winds
                of a conceivable future

*Translated by Donald Winkler*

# Gérard Étienne

## Il neige dehors...

Il neige dehors. Des haïtiens esclaves, enchaînés en République dominicaine, rentrent dans ma chambre. Ils ont dans leurs vareuses des dizaines de squelettes. Des réfugiés haïtiens rentrent aussi dans mes pleurs. Ils ont des dents cassées, des bras coupés ; ils portent leurs tripes dans les cheveux. Du haut du plafond s'élèvent leurs complaintes et leur sueur puante reflue vers l'impuissance grandissante de mon portrait.

De cette colonne de chairs mortes qui envahissent ma chambre se détache une vieille négresse. Le jour se rétrécit dans ses yeux au fur et à mesure que les dragons du Chef plongent leur poignard dans la poitrine de Jacques-Stephen Alexis le Révolutionnaire. Elle refuse de livrer son mystère, ce ventre famélique où s'étirent des chenilles avides de sang.

Un ancien secoueur de la rosée me prend à témoin. Il danse autour d'un cercueil ; il casse des sons comme si sa voix rouée de fourmis et de guêpes allait faire tomber les madriers de la maison. Alors je mords encore une fois mon impuissance. Esclaves et réfugiés me renvoient à mes laideurs de nègre intellectuel, à tous les principes qui font de moi un magicien du verbe pris au piège des mots

mais je hurle
mais je souffre
et la misère
et le crime

# Gérard Étienne

## It's Snowing Out...

It's snowing out. Haitian slaves, chained up in the Dominican Republic, slip back into my bedroom. Dozens of skeletons up their sleeves. Haitian refugees are there too in my tears. Their teeth are broken, their arms chopped off; they harbour their guts in their hair. From high in the ceiling their laments rise up and their reeking sweat streams back to greet my portrait's growing impotence.

An old negress singles herself out from the ranks of dead flesh that throng my room. The day shrinks down in my eyes as the Chief's dragoons plunge their knives into the breast of Jacques-Stephen Alexis the Revolutionary. This half-starved belly refuses to yield up its mystery, where caterpillars avid for blood stretch themselves out.

An ancient shaker of dew enlists me as witness. He dances about a coffin, he barks out sounds as though his voice, assailed by ants and wasps, were about to bring down the beams of the house. And so I vomit forth my impotence once again. Slaves and refugees propel me back to my ugliness as an intellectual negro, to all the principles that make me a verbal juggler caught in a snare of words

but I howl
but I suffer
and poverty
and crime

car ça vous fait péter la cervelle
l'amour aussi
l'illusion de croire
qu'on sert à quelque chose de ce côté du monde
car ça vous fait marcher dans la honte
tous ces mots
pour les jardins de roses de la fille du roi
tous ces morts
pour les esprits vodou du président

Donc il neige dehors
ils sont dans ma chambre
des monstres que des hommes ont créés
Et des monstres
ont dévoré ma race mon portrait
Ils ont déchiré mon âme
qui marchait à côté d'une pauvresse
Ils ont englouti les matins
non une histoire à rebours
et ils ont frappé à la porte de ma chambre
jusqu'à ce que tombe le rideau
sur la comédie des monstres

Il neige dehors
Tu sais bien Dominique
que le rêve du grand soir a germé
que notre lanterne dans les rues
les pouilleux des quartiers pouilleux
les mille-pattes porteurs d'antennes
ont coupé le courant qui nourrit le pouvoir

Tu sais bien que ce canot-là ne partira pas
Ceux qui devaient partir sont restés

for that drives you insane
love too
the folly of believing
that we're worth something this side of the world
for it has you walking in shame
all these words
for the rose garden belonging to the king's daughter
all these ghosts
for the voodoo spirits of the president

So it's snowing outside
they're in my bedroom
monsters created by men
And monsters
have devoured my likeness my race
They have torn asunder my soul
that walked by a poor woman's side
They have swallowed up the mornings
you can be sure it's so
and they have pounded on the door of my bedroom
until the curtain fell
on the comedy of monsters

It's snowing out
You know well Dominique
that the dream of the glorious evening has sprouted
that our lantern in the streets
the wretched of the wretched neighbourhoods
the centipede carriers of antennas
have cut the power that feeds the powerful

You know well that this canoe will never set out
Those that should have left have stayed behind

un boucan à la main
pour saluer la prophétie du poète

Il neige
Une nouvelle crampe à l'estomac
me fait serrer les dents
ma cage ma révolte
cette nièce qui vient de débarquer à Moncton
les os sur la peau
rien pour rattraper la réalité
diluée dans les contradictions de l'esprit
et dans ces puits de morts
où viennent renaître les Saints du Général

Il neige dehors
Ma cage se referme
lourde et sans remords

a clamour in hand
to honour the poet's prophecy

It's snowing
a new cramp in my gut
makes me clench my teeth
my cage my rebellion
this niece who has just arrived in Moncton
bones on skin
nothing to grasp the reality
watered down in the mind's contradictions
and in these wells of the dead
where the General's Saints assemble to be reborn

It's snowing outside
Leaden and remorseless
my cage shuts down

*Translated by Donald Winkler*

# Juan Garcia

## Compagnons de la neige

Hommes de ce pays, compagnons de la neige
vous dont le seul souci en marge de ce monde
est de fermer vos corps aux méfaits de l'hiver
dont la seule récompense est de survivre un peu
et que le temps protège au levant de l'histoire
vous qui savez par cœur l'origine des vents
qui concluez partout un marché avec l'aube
afin de recevoir l'horizon de plein front
vous ignorez pourtant le calcul des saisons
vous que je somme ici autant que j'ai de sang
longtemps j'ai isolé votre cri dans mes veines
je marchais dans vos pas avec le mauvais œil
et quand pour y voir clair vous plongiez dans vos plaies
je gardais le sourire et le regard sous clef
et je claquais la porte aux climats de ma tête
maintenant je comprends que la rage a raison
j'affirme que le froid laissera des racines
et même si ma voix faiblit le long du temps
tant les mots perdent pied à être sur des pages
je veux parler en nous pour que l'on s'en souvienne

# Juan Garcia

## LIEGEMEN OF SNOW

Men of this land, liegemen of snow
you whose sole care on the edge of this world
is to seal off your body to the misdeeds of winter
whose sole recompense is a crumb of survival
and whom time watches over at the dawning of history
you who were born to the source of the winds
who everywhere fashion a bargain with dawn
so as to meet the horizon head on
you still do not know how the seasons conspire
you whom my blood's rush summons here
long time I shut up your cry in my veins
I walked in your steps with an evil eye
and when to see clear you sank into your wounds
my smile and my gaze I kept locked away
and slammed shut the door on the weathers in my head
now I know that rage has its place
I assert that the cold will leave roots in its wake
and even if my voice fades away over time
as words lose their footing once down on the page
I want us to talk so that memory holds

*Translated by Donald Winkler*

# Nadia Ghalem

## À L'AMITIÉ

Au lieu de me disputer
vous auriez pu m'apprendre
Nelligan et Michèle Lalonde
et ces bonheurs d'occasion
tissés d'asphalte et de neige
il est né des poètes
dans l'exil des filles du roy
parole vive battant le froid
de la semelle des mauvais vents

au lieu de me disputer
pour ces appartenances
qui ne me reviennent pas
il faut me laisser
enfin le droit
de tricoter les transparences
de mon été si sec et vos hivers
si froids.

# Nadia Ghalem

## TO FRIENDSHIP

Instead of scolding me
you might have taught me
Nelligan and Michèle Lalonde
and that tin flute
that plays airs of asphalt and snow
it's born of the poets
in the exile of the *filles du roy*
the word alive beating the cold
from the sole of evil winds

instead of disputing
these belongings
that are not mine
cede me at last the right
to knit together what's limpid and clear
my summer so dry and your winters
that are so cold.

*Translated by Donald Winkler*

# Andrée Lacelle

## LE SAUT

des paysages vivent
voici l'atlas de la vallée des vents

nous
pays et payses
il y a nous

en ces entre-lieux
le vent ravine nos visages ouverts
chavirent nos empreintes
le flou d'un peuple inonde la traverse

avant le pays
nos âmes

# Andrée Lacelle

## THE LEAP

landscapes alive
here is the map of the valley of winds

we
countrymen and countrywomen
we are there

in these places between
the wind gullies our open faces
our imprints overturn
the blur of a people submerges the crossing

before the land
our souls

*Translated by Donald Winkler*

# Michèle Lalonde

## APATRIE

Je suis fille de race blanche
issue d'un métissage entre l'histoire et la légende
ne demandez ni mon nom ni la couleur de mon teint
je suis noire

tatouée de terre et de suie
je porte les marques de ma tribu
lys de givre et fine croix de destin
cicatrisent à mon front

vêtue des vents de ce pays
je suis fille de l'exil
indigène de la douleur
j'ai la nuque docile de nos servitudes
les poings durs et gercés fermés sur la rancune
ne riez pas de moi ne riez pas
l'âme percluse d'ancêtres
je vieillis de mère en fille
comme l'apatride mère-patrie

    (nation nomade    sauvagesse
    femme de la rudesse et des intempéries
    qui erre à pas de louve
    la morsure du temps au talon
    et l'échine courbée sous un fagot de rêves morts
    ô mère    ô patrie

# Michèle Lalonde

## Homeless Land

I am a daughter of the white race
born of legend and history
don't ask my name nor my hue
I am black

tattooed with earth and soot
I bear the marks of my tribe
lily of ice and destiny's delicate cross
scar my brow

garbed in the land's winds
I am daughter of exile
native of pain
I boast the soft nape of our servitudes
my hard ridged fists shut tight on rancour
do not laugh at me do not laugh
crippled ancestral soul
I grow old from mother to daughter
like the landless motherland

    (nomad nation    savage
    woman rough and intemperate
    who roams with a wolf's gait
    the heel gnawed by time
    and the spine bent from the burden of dead dreams
    oh mother    oh native land

pauvresse de chagrin vêtue
avec ton passé glorieux en loques
et ton baluchon rempli de plantes curatives et de croyances-
    amulettes
éternelle déportée de toi-même
celle qu'on redoute et chasse d'un avenir à l'autre
je vois ton grand corps noueux et sombre qui se rebelle dans
    la bise
sous une trouble mythologie d'archanges et de manitous
tu avances
parée de rosaires et de tristes colliers de perles de maïs et de
    caillots de sang séché
ô mère     ô patrie
nous sommes nés geignards de tes gémissements de bonne
    femme
ne riez pas de nous ne vous moquez pas d'elle
enfanteresse vengeresse
qui porte ses enfants comme on porte le deuil

accroupie sur la neige
elle met au monde des générations grelottantes
promises au souffle de l'hiver
elle les réchauffe d'une haleine de chanson d'aïeule
les emmaillote d'un fragment de drapeau éteint
amoureusement les caresse les berce
les endort de songes fabuleux et rassurants comme elle
et les emporte dans sa fuite avec elle
sublimes traquenards comme elle
ô nation-gibier     sauvageonne
tandis qu'au loin la forêt qu'on croyait refuge
déjà aboie et nous menace
ô mère     ô patrie)

pauper clothed in sorrow
with your glorious past in tatters
and your bundle of healing plants and sacred amulets
banished forever from yourself
she who is feared and hunted from one tomorrow to
    another
I see your large body knotted and dark that in the thick of
    the north wind resists
through a myth-ridden blur of archangels and manitous
you move on
adorned with sad pearl strands of corn and rosaries and dried
    gouts of blood
oh mother    oh native land
fretful we are born from your woman's wailings
do not laugh at us do not mock her
child-bearing avenger
who carries her children as one might put on mourning

asquat on snow
she brings into the world trembling generations
promised to the breath of winter
she warms them with the exhalation an ancient song
wraps them in a shred of faded flag
lovingly rocks and caresses them
puts them to sleep with dreams soothing and magical as herself
and bears them away along with her in her flight
sublime snares like herself
oh nation-prey    little savage
while far off the forest one thought would be sanctuary
howls already and imperils
oh mother    oh native land)

Je suis fille de ta peur et de ton endurance
métissée de colère sourde
comme toi sang-mêlé
la mort se mêle à mon sang

et je ferais bien de périr
n'était que mon sang est vert
n'était le sang vert qui m'irrigue
    alcool de feuilles
       liqueur de pulpe
      eau-de-vie d'aiguillons de sapin
           dans mes veines

n'était le sang vert
   qui m'afflue au cœur
élixir de ta sorcellerie

I am daughter of your fear and your fortitude
cross-bred with sullen anger
like you mixed blood
death mingles with my blood

and I would do well to perish
were not my blood green
were not the blood green that flows through me
      leaf alcohol
         liquor of pulp
      pine-needle eau-de-vie
           in my veins

were not the blood green
   that runs to my heart
elixir of your witchcraft

*Translated by Donald Winkler*

# Charles Leblanc

## LE SACRE DU PRINTEMPS

anesthésie
l'hiver a fini
de ruminer au coin des rues
et des cours d'école
les déchets poussent
sur les trottoirs de ciment préparé

mondo nuovo

c'est le temps des partys de motards
et de femmes tatouées
les autres ne font qu'enlever des pelures
et zieuter les matelas

mondo grosso
mondo nudo
mondo houba houba

la mort prend une légère pause
et le Wall Street Journal peut toujours
s'afficher
le journal intime du rêve américain
« *la reprise est complète mais la croissance est lente* »

mondo piastro

# Charles Leblanc

## Rites of Spring

anaesthesia
winter is done
ruminating on street corners
and schoolyards
garbage blooms
on sidewalks of pre-mixed cement

mondo nuovo

it's the season for bikers' parties
and tattooed women
the others just peel off their clothes
and eyeball the mattresses

mondo grosso
mondo nudo
mondo hubba hubba

death takes a short break
and the Wall Street Journal can always
highlight
the private diary of the American dream
*"the recovery is complete but growth is slow"*

mondo mullah

ailleurs ça va trop vite
et c'est toujours pour trop peu
le ciel est bleu d'anges qu'ils disent
pourtant la boue s'oublie mal

mondo yucco

(tu les entends désert du vivant
des voix se plaignent du mauvais temps
c'est pour ça que tu hausses le volume
que tu sors tes gros fusils)

mondo whammo

un pays n'attend pas l'autre
mais l'argent ne rentre plus
à pleines pelletées comme avant

mondo bobo

l'hiver a fini de jouer au fou
la prochaine fois il mettra le paquet

mondo grosso
mondo hubba hubba
mondo nucléo

elsewhere things move too fast
and it's always for too little
they say the sky's blue with angels
but the mud's hard to get out of your mind

mondo yucco

(you hear them a living desert
voices gripe about bad weather
that's why you hike up the volume
bring out your big guns)

mondo whammo

one land does not wait for the other
but money's not coming in
by the shovelful like before

mondo booboo

winter's done playing the clown
next time it's going for broke

mondo grosso
mondo hubba hubba
mondo nucleo

*Translated by Donald Winkler*

# Gérald Leblanc

## ÉLOGE DU CHIAC

de jouer dans la langue et d'en rire
d'en rêver quand on find out
qu'on communique
même si le voisin fait mine
de ne rien comprendre
too bad de se priver
de pareille façon
de faire accroire
contre soi-même
que ce rythme n'existe pas

la musique est o.k.
le monde itou
on dirait que toute
est à la bonne place
c'est slick so
stick around

    le son est une lumière
    sur ta langue créole
    dans ton corps reggae
    la musique est o.k.

nous emporterons dans la langue
les mots ramassés en chemin

# Gérald Leblanc

## IN PRAISE OF CHIAC

to play in language and to laugh with it
to dream with it so as to *find out*
so as to communicate
even if your neighbour claims
to understand nothing
*too bad* to sell yourself short
that way
to get out the word
against your grain
that this rhythm's not there

music's okay
the people too
you'd say that everything
was in its proper place
it's *slick*
*so stick around*

    sound is light
    on your creole tongue
    in your reggae body
    music's all right

we'll carry off in language
words gathered along the way

nous poserons les mots d'ici
sur tout ce que nous toucherons
y compris ce que nous transformerons
avec l'entêtement de parler partout
et d'écrire sur les pages encore blanches
notre dignité humaine
notre tragédie n'est pas grecque
sur la terre sainte de memramcook
à peine chrétienne
dans la cérémonie des samedis
on nous accuse de notre histoire
et nous répondons coupables
d'avoir toujours compris
où nous étions

(quand t'es avec les loups
tu cries comme les loups
disait ma mère qui devrait savoir)

nous ne voulons plus ressembler
à ceux qui nous acceptent
à condition que nous effacions
toute trace d'histoire personnelle
qui nous aiment à genoux
devant l'autel de l'aliénation
c'est même pu funny

nous parlons de ce qui nous passe par la tête
dans les virées de la vie
dans la ville de la violence de voir
ce qu'on nous fait
nous parlons comme des anges en transit

we'll set down the words from here
on all we touch
together with what we transform
with the obstinacy of talking wherever we are
and inscribing on pages still white
our human dignity
our tragedy isn't Greek
in the holy land of Memramcook
barely Christian
in its Saturday rites
we're accused of our history
and plead guilty
of having always known
where we were

(when you're in the company of wolves
you howl like wolves
said my mother who ought to know)

we no longer want to look like
those who accept us
so long as we erase
all trace of our personal history
those who love us on our knees
before the altar of alienation
it's not even *drôle* any more

in life's swervings
we say what comes to our minds
in the violent city
to see what one does to us
we speak like angels passing through

des rockers lumineux devant ceux
qui rêvent de « bien parler »
pour faire taire les autres
dans notre pays de mue
worryez pas
nous repasserons autrement
avec la bouche
pleine de surprises
et d'éclats de rire

like resplendent rockers
before those who dream of "speaking well"
so as to silence the others
in our molting land
*worryez pas*
we'll come round by another route
with our mouths
full of surprises
and fits of laughter

*Translated by Donald Winkler*

# Nadine Ltaif

Aujourd'hui le soleil est là et le monde oublie des choses. Avril 85. Dixième année de guerre et la guerre frappe de plus belle. Vingt fois plus d'efforts à faire, je repars à zéro.

Car maintenant, d'où vais-je vous écrire, de quel lieu, de quel paysage ? Montréal me vient sous les pas, et cet Hiver, et cette terre, que je ne connais pas, et ces arbres et ces parcs que je ne connais pas et je m'assois sous un arbre au parc La Fontaine, et j'écoute ce que dit l'arbre du parc La Fontaine, et j'écoute les eaux du lac artificiel, et je change de langue, vous savez, mais je garde mes mots pour demeurer plus proche de *vous*, au moment où je brûle, au moment où ma langue est brûlée.

Je cherche mes mots comme Ishtar chasse le Tigre, comme Ishtar qui guette sa proie, Ishtar désire le Tigre, et personne ne le sait. Je fais très attention, et j'appréhende ce lieu où se posent mes pieds.

Car je vous sens proche, ô Terre, et j'ai le cœur qui bat. Mais je tremble encore et mon corps ne se dilate pas de peur que l'Homme ne me prenne dans ses ruses, qu'il ne m'attrape dans ses filets.

Je suis arrivée dans cette ville ne sachant si j'étais en Égypte ou en quelques lieux barbares.

J'étais là comme de passage ne sachant si je devais y rester ou partir.

# Nadine Ltaif

Today the sun is there and there are things the world forgets. April '85. The tenth year of the war and the war is going strong. I'm starting all over from scratch, and it's twenty times as hard.

Because now, from where am I going to write you, from what landscape, from what place? Montreal is beneath my feet, and this Winter, and this land that I do not know, and these trees and these parks that I do not know and I'm sitting under a tree in Lafontaine Park and I'm listening to the waters in the artificial lake, and I'm changing languages, you know, but I hold to my words to stay closer to you, I am burning now, now my tongue is burning.

I'm looking for words like Ishtar hunts the Tiger, like Ishtar stalks his prey, Ishtar wants the Tiger and no one knows it. I'm very cautious and I take care where I set my feet.

Because I sense you near, oh Earth, and I feel my heart beat. But still I tremble and my body shrivels up for fear that the Man entrap me and snare me in his net.

I arrived in this city not knowing if I were in Egypt or in some barbarous place.

I was there as though in transit not knowing if I should stay or go.

Ce que vous me demandez maintenant va me plonger loin très loin dans le fleuve pour y cueillir une plante rare, si rare, et j'y vais parce qu'il faut ainsi sauver l'écriture des paroles asséchantes du Chameau.

Mais je reprends le vol et me garde de me poser à nouveau sur terre. Je vole et erre et survole de Ciel en Ciel d'orage à glace. Je me garde de m'éloigner de la frontière. Celle qui déchire l'Est de l'Ouest.

What you are asking of me now will plunge me deep very deep into the river to gather a rare, so rare plant, and I am going there because I must do so to safeguard the setting down of the Camel's desiccating words.

But I take flight again and take care not to return to earth. I fly and roam and glide from Sky to Sky from storm to ice. I keep a prudent distance from the frontier. That which tears East from West.

*Translated by Donald Winkler*

# Louve (Maïkam) Mathieu

**L.**

aux âmes errantes
je livre ma tignasse
une peinture sèche
boisée de tourments
une sauvageonne
qui n'a qu'un cri.

à vous donner
à vous dire
à vous mourir.

inniuiak !

sentiers
d'encre sale.

feuilles mortes,
sur ma peau rouge.

l'automne
qui tombe
indien.

louve.

# Louve (Maïkam) Mathieu

**L.**

to the wandering souls
I tend my head of hair
a dry canvas
wooded with suffering
a little savage
with but one cry.

to give to you
to say to you
to die to you.

Inniuiak!

paths
of dirty ink.

dead leaves
on my red skin.

autumn
that drops down
Indian.

she-wolf.

*Translated by Donald Winkler*

# Marco Micone

## Speak What

Il est si beau de vous entendre parler
de « La Romance du vin »
et de *L'Homme rapaillé*
d'imaginer vos coureurs des bois
des poèmes dans leurs carquois

nous sommes cent peuples venus de loin
partager vos rêves et vos hivers
nous avions les mots
de Montale et de Neruda
le souffle de l'Oural
le rythme des haïku

speak what now

nos parents ne comprennent déjà plus nos enfants
nous sommes étrangers
à la colère de Félix
et au spleen de Nelligan
parlez-nous de votre Charte
de la beauté vermeille de vos automnes
du funeste octobre
et aussi du Noblet
nous sommes sensibles
aux pas cadencés
aux esprits cadenassés

# Marco Micone

## SPEAK WHAT

It's so beautiful to hear you talk
of *la Romance du vin*
and of *l'Homme rapaillé*
to imagine your coureurs des bois
poems in their quivers

we are a hundred peoples come from afar
to share your dreams and your winters
we brought with us the words
of Montale and Neruda
the breath of the Urals
the rhythm of the haiku

*speak what now*

already our parents cannot understand our children
we are strangers
to the fury of Félix
to Nelligan's melancholy
speak to us of your Charter
of your autumns' ruddy beauty
of sad October
and of Noblet too
we are susceptible
to a cadenced gait
to padlocked minds

speak what

comment parlez-vous
dans vos salons huppés
vous souvenez-vous du vacarme des usines
and of the voice des contremaîtres
you sound like them more and more

speak what now
que personne ne vous comprend
ni à Saint-Henri ni à Montréal-Nord
nous y parlons
la langue du silence
et de l'impuissance

speak what

« productions, profits et pourcentages »
parlez-nous d'autres choses
des enfants que nous aurons ensemble
du jardin que nous leur ferons

délestez-vous de la haire et du cilice
imposez-nous votre langue
nous vous raconterons
la guerre, la torture et la misère
nous dirons notre trépas avec vos mots
pour que vous ne mouriez pas
et vous parlerons
avec notre verbe bâtard
et nos accents fêlés

*speak what*

how do you talk
in your chic salons
do you remember the factory din
and the foremen's voices
*you sound like them more and more*

*speak what now*
so nobody understands you
not in St. Henri not in Montreal North
there we speak
the language of silence
and of impotence

*speak what*

"production, profits and percentages"
speak to us of other things
of the children we will have together
of the garden we will make for them

enough of hair shirts and traitors
thrust your language upon us
we will speak to you
of poverty, war and torture,
we will translate our deaths into your words
so that you will not die
and we will talk to you
in our bastard language
with our fractured accents

du Cambodge et du Salvador
du Chili et de la Roumanie
de la Molise et du Péloponnèse
jusqu'à notre dernier regard

speak what

nous sommes cent peuples venus de loin
pour vous dire que vous n'êtes pas seuls.

of Cambodia and El Salvador
of Chili and Romania
of the Molise and the Peloponnese
for as long as our eyes can see

*speak what*

we are a hundred peoples come from afar
to tell you that you are not alone.

*Translated by Donald Winkler*

# Arash Mohtashami-Maali

## Rêve sans retour

J'ai vu des peuples apatrides au milieu d'ailleurs,
des pays hostiles, plats et pluvieux.

Quand vous irez chez moi, vous serez chez vous
quand vous irez chez moi, vous passerez des frontières
que j'ai tant cherchées,
quand vous irez chez moi, je ne serai pas là-bas
fatiguée, brisée par ces routes, cette fin de moi
que j'ai su si souvent offrir dans les mers et sur les plaines
ne saura plus rire.

Quand vous irez chez moi chercher mon regard ancien,
dites à ceux qui me demandent dans les traits de leurs souvenirs
que je suis mort chez vous, à eux qui savent,
pour les apaiser.

# Arash Mohtashami-Maali

## Dream Without Return

I have seen stateless people somewhere else,
hostile countries that are flat and full of rain.

When you come to my place, you will be at home
when you come to my place, you will cross borders
which I sought for so long
when you come to my place, I will not be there
weary, ruined by the roads, this end of me
which often knew how to drain the seas and the plains
will no longer know how to laugh

When you come to my place, look for my ancient gaze,
declare to those who ask of me the signature of their memories
that I died at your place, in order to appease
those who know.

*Translated by Seymour Mayne and Marc Charron*

# Hélène Monette

## CHANT 93

Maigres souverains, *ils* nous affament

scandale, la crève, fainéants de salon
récession lisse, extrêmement droite, néo-émotion
suppression, ration, extrême-onction
affolez-vous, *ils* nous désâment

Regardez s'amincir le bleu du ciel
s'alourdir le coucher du jour
se dessécher l'amour si vieux, si maigre
espoir osseux, chimère moderne

regardez ces têtes de linotte
sabler le champagne, administrer les cailloux
jeter la pierre aux plus sales
après les avoir traînés dans la boue
empereurs infâmes aux cerveaux dissous
imposants malades déconnectés de partout
*ils* nous décharnent

Regardez dormir vos enfants
engraissez leurs rêves
contemplez les fleurs sauvages
choyez-en leurs cheveux
dorlotez-vous de poésie gratuite
et bercez vos petits de toute votre âme

# Hélène Monette

## Song 93

Cadaverous sovereigns, *they* starve us

scandal, flu, refined idlers
rapid recession, far right, false feeling
purging, rations, extreme unction
run scared, *they* unsoul us

See how the sky's blue thins
how the end of day is dead weight
how love, so old, so lean, shrivels
gaunt hope, chimera for our time

see these scatterbrains
break out champagne, dole out pebbles
cast  a stone at the grubbiest
after dragging them through the mud
infamous emperors weak in the head
illustrious invalids cut off from all
*they* unflesh us

Watch your children sleep
fatten their dreams
study the wildflowers
run them through their hair
pamper yourself with free poetry
and rock your little ones with all your soul

*ils* nous jurent un drame
*ils* réclament cela de nous
chair à l'aubaine jusqu'au fond du trou
maigres souverains, graves et braves
que le silence aille au diable
ô silence odieux et mou !

maigres souverains
dignité

*they* swear there'll be hell to pay
*they* require that of us
cut-rate flesh to the depths of the pit
cadaverous sovereigns, upright and grave
to hell with silence
oh silence abhorrent and slack!

cadaverous sovereigns
dignity

*Translated by Donald Winkler*

# Pierre Nepveu

## Le fantôme d'Anthony Griffin à Côte-des-Neiges

pour Gloria Augustus

Quartier des grands gels, tilleuls fanés
avec quelques saules, derniers organes
du ciel. Tard l'automne des adolescents
font la roue sur la gelée blanche.
La mère sans gloire poursuit, rue Légaré,
l'ombre très maigre du fils troué
au crâne par un gardien de l'ordre.
Jamaica Farewell. Couche, couche-toi,
prie-t-elle, sous la terre gelée, respire
le cœur du monde, la nuit de sucre
et de rhum dans les tunnels venteux
charriant leur peuple vers le marché
aux parfums de cari et de fèves noires.
Oublie qu'il neige dans tes yeux de Montego
et que l'herbe est brûlée jusqu'à la racine.
Une voiture bleue descend la côte
avec des clignotements boiteux,
bicolores, et double ton fantôme.
Une voix grasse y beugle
l'alerte aux petits voyous
dont les corps tatoués d'aigles
firent trembler l'été.

# Pierre Nepveu

## The Ghost of Anthony Griffin in Cote-des-Neiges

for Gloria Augustus

This is a neighbourhood of deep frosts, wilted lindens
with a few willows, the last organs
of the sky. Late fall teenagers
do cartwheels on the white frost.
Ingloriously, the mother follows, on Légaré Street,
the skinny shadow of her son who had a hole put
into his skull by a guardian of law and order.
Jamaica Farewell.  Lie, lie down,
she prays, under the frozen ground, breathe in
the heart of the world, the night of sugar
and rum in the windy tunnels
carrying their people to the market
fragrant with curry and black beans.
Forget that it is snowing in  your Montego eyes
and that the grass is burnt down to the root.
A blue vehicle comes down the hill
with clumsily flashing lights,
two-toned, and doubles your ghostly shadow.
A loud voice signals
the alarm to the young punks
whose eagle-tattooed bodies
made the summer tremble.

Couche-toi sous la lumière et les bruits.
Au plus chaud du quartier, le paradis du nord :
un air de reggae tinte dans les poubelles
et réveille les chiens aux longs poils gelés.

Lie down under the light and the noises.
In the hottest corner of the neighbourhood, the northern paradise:
a reggae tune reverberates in the garbage cans
and awakens the dogs covered with long frozen hair.

*Translated by Seymour Mayne and Marc Charron*

# Michel A. Thérien

## Cortèges

le soleil africain aveuglé
flambées d'ambre
à tes yeux

toutes ces nations unies
complaisantes
ont bien gardé
le mutisme des plaies
fléau de la souffrance

le mal a oublié le mal
refrain épuisé de sanglots
à ta gorge torturée

l'obus suit toujours
la même trajectoire
l'horreur a fait ses enfants
dans un lit hostile

quels sont ces cortèges
en fuite dans la montagne
sont-ils nos vestiges épouvantés
les visages amputés de l'oubli

# Michel A. Thérien

## Processions

the blinded African sun
flaring amber
to your eyes

all these complaisant
united nations
have kept intact
the silence of wounds
scourge of pain

evil has forgotten evil
a weary refrain of tears
for your tortured throat

the shell always traces
the same trajectory
horror has borne its children
in a hostile bed

what are these processions
in flight on the mountain
are they our affrighted remnants
amnesia's blank faces

*Translated by Donald Winkler*

# Salvador Torres Saso

## En défense de la langue

Marchant dans les rues
de la métropole, habillés pour l'occasion
des couleurs blanc et bleu
du drapeau du pays,
de milliers et de milliers
de patriotes manifestent.

L'un des manifestants au regard
farouche, et portant partout
sur ses vêtements des collants
nationalistes
me dit
pendant une pause
entre deux consignes :
Man, passe-moé ton lighter
pour réchauffer le soleil.

# Salvador Torres Saso

## In Defence of the Language

Parading through the city's streets
dressed for the occasion
in the blue and white
of the land's flag, thousands and thousands
of patriots are showing their colours.

One of the demonstrators
with a fierce glare in his eye
sporting everywhere on his clothes
nationalist stickers
says to me
during a pause
between two directives:
*Man, passe-moé ton lighter*
So I can warm up the sun.

*Translated by Donald Winkler*

# Michel Van Schendel

## Amérique étrangère

Amérique Amérique
Terre carnivore aux brèches du désir
Amérique
Éponge humide des brasiers de ton sang
Lande d'yeux qui brûlent au fond de tes poubelles
Amérique Amérique de soufre
Amérique d'écorce hoquet des hurleries et saxo noir
        des fous
Amérique tendue aux quatre clous des vents
Chiffonnière des nuages des cornes de fumée roulent
        à la jetée du ciel cent taureaux tremblent à perte
        d'envie dans tes loques de cris
Amérique d'angine peau de râpe cœur de givre toi
        ma gerçure
Amérique concave enfant vieillot manne vaine
        dont la mort n'est jamais blanche et dont la vie
        n'est jamais rose
Amérique plaqueuse de goudron sur les barreaux de ton bonheur
Amérique abattue abattoir de tes rouilles
Ivrogne du matin léchant des horizons de pluie
Terre de futur vague et de rencontre Amérique
Je ne te possède pas
Je m'exaspère je ne te crains pas
Je me surmène et je te veux
Malgré moi contre moi contre mon sang
Contre mes sens d'homme aiguisé

# Michel Van Schendel

## AMERICA THE FOREIGN

America America
Carnivorous land fissured with desire
America
Sponge infused with the fire in your blood
Land of eyes that deep in your ash cans burn
America sulphurous America
America its crust its hiccup of howls and the
      crazies' black sax
America hung on the winds' four nails
Rag man of clouds horns of smoke tumble
      on the sky's jetty a hundred bulls quake to the end
      of want in your rags of cries
Angina America rasped skin heart of frost you
      my chapped flesh
Concave America little old child vain manna
      whose death's not white whose life's
      not rose
America slapper of tar on the bars
      of your joy
Slaughtered America abattoir of your rusts
Dawn drunkard lapping horizons of rain
Land of vague tomorrows and meetings America
I do not possess you
I drive myself mad I don't fear you
I weary myself and I want you
Despite and against myself and counter to my blood

Contre ma rage de tourbe et le sel de mon sang qui
        coule des marais de mes Flandres
Contre mes déroutes menant d'aube en aube et sans
        pays trois fois
Je te veux ton alliance à mon doigt
Que je te mate et te cravache revêche
Et te plante sous mes plafonds bas
        (Mes pays ont des cieux taillés à coups de
            couteau de migraine et d'humeur de
            cailloux
        Mes pays où saumurent les vents ô mon
            pays sous les mares)
Je suis un homme de mes terres Amérique
Je les porte pesantes
        pavés de glaise
        grisou d'exil
Je les porte je me sépare je me cogne à ta poutre
        Amérique
Je devrai me ruer contre tous les salpêtres et tous les
        bois ternis de mon sang
Je devrai me jeter flèche sur les cris de mon passé et
        sur mes reniements
Et je briserai les arbres tenant encore à la rengaine
        de ce cœur
Et je lancerai la hache sur moi-même et je me
        retrouverai
À nouveau créé pour la troisième fois de ma vie
Et je serai le soc et la main qui le plante
Et moi-même l'épaule et l'épaulement
Je rongerai le tremble de mes landes charnelles
Je mangerai l'écorce et la racine de ce vieux mal de
        terre et je déterrerai les paroles du feu

Counter to my turf-born wrath and the salt blood that
        flows from my Flanders' bogs
Counter to my rout from dawn to dawn
        landless three times over
I want your ring on my finger
That I may churlish lash you and bring you to heel
And install you beneath my low ceilings
        (My lands' skies were scooped out
            with a migraine's blade and a temper of
            stone
        My lands where the winds are brined oh my
            land under the flat waters)
I am a man of my lands America
They weigh me down
        Paved with clay
        Firedamp of exile
I shoulder them step away hurl myself at your girders
        America
I must storm all the saltpeters and all the
        dull wood in my blood
I must let fly my self at past outcries and
        renunciations
And fell the trees still rooted
        in this heart's old plaints
And heave the axe my way and
        find myself once more
Reborn for the third time in my life
And I will be the ploughshare and the hand that guides it
Myself the shoulder and the shouldering
I will gnaw away at the aspen of my carnal heaths
I will bolt this old land-sickness bark and
        root and unearth words of fire

Je flotterai fleuve de liège flamme d'algue
        j'évoluerai dans le vertige
Je serai ciel des épaisseurs mouvantes et roc primaire
        sous les pierres du vent
Je serai l'os de la rouille et je naîtrai
        forme et substance de craie au pays de la craie
de la craie des visages sans air
de la craie des neiges oubliées
        des bouches gelées
          des peaux froides et du feu sous la peau
        de la cendre explosée
de la craie des ruelles amorties d'odeurs fauves
de la craie des gratte-ciel
        gris sur froid
        bleu sur fer
de la craie des arbres plantés droit
        douilles perdues qui n'ont pas percuté
de la craie d'Amérique
Amérique à peau double ma lutte
        terne et mauve amérique serpent
        de poivre de glace ma violence
Amérique à peau neuve mon cancer et mon double
Et ma drogue
        qui creuse la main du dernier cri

Stream of cork flame of algae
>   I will float I will evolve in vertigo

I will be a sky of shifting thicknesses and an ancient ploughshare
>   under the winds' stones

I will be a bone of rust born stuff and
>   substance of chalk in the land of chalk

the chalk of blank faces
the chalk of forgotten snows
>   frozen mouths
>   chill skins and fire under the skin
>   eruptions of ash

the chalk of muffled alleyways with their animal damped-down smells
the chalk of skyscrapers
>   grey on cold
>   blue on iron

the chalk of trees planted tall
>   lost shells that have not hit home

the chalk of America
twin-skinned America my war
>   dull and mauve snake America
>   of pepper of ice my violence

fresh-skinned America my cancer and my double
And my drug
>   that furrows the hand of what's in the wind

*Translated by Donald Winkler*

# Lélia Young

## Handicapée

Bouche inerte
muscles atrophiés
elle existe
personne ne la voit
elle est handicapée
                pas comme les autres
                mais tellement comme eux
Elle est derrière ces bouches
      derrière ces yeux
      derrière ces voix qui m'entourent
et elle a mal pour eux
elle n'a de bras à tendre que les leurs
elle n'a de bouche à ouvrir que la leur
mais
ils ne peuvent voir
           ce qu'ils veulent effacer

# Lélia Young

## HANDICAPPED

Still mouth
wasted muscles
she exists
no one sees her
she is handicapped
                        not like the others
                        yet so much like them
She is behind these mouths
      behind these eyes
      behind these voices that surround me
and she feels bad for them
she has no arm to reach out but theirs
she has no mouth to open but theirs
but
they cannot see
                      what they want to efface

*Translated by Donald Winkler*

# Josée-Anne Charron

IF THE YANKEES LET ONE RIP

```
                          A
                         ban
                       ner de
                      ordinary
                    stripes, rouge
                  and white, est deux
                 solitudes: the divisées.
         Can.: one flag            peut être rose ?
              one stamp           peut envelopper
                the land?         Si tu visites sa
                     light,            son
torch will blind you.                         Ses cris saisiront des
stripes, slowly, to                           ajouter une étoile
      slightly                                    encadrée
         in blue.          Beneath             nos pieds,
  strange leaves emerge,           des paumes fusionnées
                        unlocking a
              doodle-door for    nos clés d'érable.
                Her pony will    profiter de nous
                           pour
  lend & land                               une occasion
                            to
                          stick
                        a plume
                      in our castor.
              Oh!  Can a dandy stand on guard
              et protéger nos foyers et nos droits ?
```

# Milton Acorn

## I've Tasted My Blood

If this brain's over-tempered
consider that the fire was want
and the hammers were fists.
I've tasted my blood too much
to love what I was born to.

But my mother's look
was a field of brown oats, soft-bearded;
her voice rain and air rich with lilacs:
and I loved her too much to like
how she dragged her days like a sled over gravel.

Playmates? I remember where their skulls roll!
One died hungry, gnawing grey perch-planks;
one fell, and landed so hard he splashed;
and many and many
come up atom by atom
in the worm-casts of Europe.

My deep prayer a curse.
My deep prayer the promise that this won't be.
My deep prayer my cunning,
my love, my anger,
and often even my forgiveness
that this won't be and be.
I've tasted my blood too much
to abide what I was born to.

# Milton Acorn

## J'AI GOÛTÉ DE MON SANG

Si ce cerveau est trempé à l'excès
sachez que le feu était la misère
que les marteaux étaient des poings.
J'ai trop souvent goûté de mon sang
pour aimer ce milieu où je suis né.

Mais le regard de ma mère
était un champ d'avoine mûre, aux barbes douces ;
sa voix, la pluie et l'air enrichis de lilas ;
et je l'ai trop aimée pour ne pas déplorer sa vie
qu'elle traînait comme un traîneau sur gravier.

Des copains ? Je me rappelle l'endroit où roulent leurs crânes !
L'un est mort affamé, en rongeant les lattes d'un vieux perron ;
un autre est tombé, frappant le sol si fort qu'il a éclaté ;
et tant d'autres, tant d'autres encore
qui émergent atome par atome
dans les déjections des vers, en Europe.

Ma fervente prière, une malédiction.
Ma fervente prière, le serment qu'il n'en sera plus ainsi.
Ma fervente prière, ma ruse,
mon amour, ma colère,
et souvent même, mon pardon
pour qu'il n'en soit plus jamais ainsi.
J'ai trop souvent goûté de mon sang
pour tolérer ce milieu où je suis né.

*Traduit par Monique Grandmangin*

# Kateri Akiwenzie-Damm

## Poem without end #3

Nanabush is an English professor
sitting in an ivory tower
looking down upon the masses who go herd-like to their classes
writing books that no one looks at
reading poetry on money
drinking tea and eating crumpets with the dead men who turn women
                                                                                 into bone
Nanabush is a landlord who turns off the heat in winter
and a tenant who throws parties while the babies are fast sleeping
the one who keeps you laughing even when your heart is breaking
and the one who tells you stories when it's wisdom you've been
                                                                                 seeking
Nanabush is a singer
she's a heavy metal drummer
she cheats and swears and talks of death
then lets you meet her children
she throws pearls onto Parliament Hill
dresses men in clothes of sheepskin
then she sits alone and drinks cheap wine and cries into the table
while she prays for gods' forgiveness because she can't forget the
                                                                                 sabbath
she's a lonely wooden goddess on a path into damnation

Nanabush knows Jesus
he plays tricks on Paul and Peter

# Kateri Akiwenzie-Damm

POÈME SANS FIN N° 3

Nanabush est un professeur d'anglais
assis dans sa tour d'ivoire
il regarde les troupeaux d'étudiants en route vers leurs classes
rédige des livres que personne ne lit
se nourrit de poèmes sur le thème de l'argent
boit du thé et mange des crumpets en compagnie d'hommes morts
                               qui changent les femmes en os
Nanabush est un propriétaire qui ferme le chauffage l'hiver
et un locataire qui fait la fête une fois les bébés endormis
il vous fait rire même si vous avez le cœur en miettes
il vous raconte des histoires quand vous cherchiez la sagesse
Nanabush est une chanteuse
elle joue du drum heavy metal
elle triche et sacre et parle de la mort
puis vous présente ses enfants
elle jette des perles sur la colline du Parlement
habille les hommes de peau de mouton
puis elle s'asseoit seule, boit de la piquette et pleure sur la table
implorant le pardon de Dieu, car elle ne peut oublier le sabbat
solitaire déesse des bois en route vers la damnation

Nanabush connaît Jésus
il joue des tours à Paul et à Pierre
il ouvre la porte et jette un coup d'œil
et il ne peut garder le secret

he unlocks the gates and steals a peek
and cannot keep the secret
he will shit in darkened hallways
pull your pants down to your ankles
he will take your love and steal your life
and give you dreams and laughter

Nanabush is a trapper who wears sealskin pajamas
he eats fish that have been poisoned
speaks a language now forgotten
and when he jumps into the river
half crazy with survival
he tries to touch the bottom to create a new religion
but he floats up to the surface
and his hands are cold and empty
so the animals give him shelter because they know the winter's
                                                                        coming
and when he wakes they wait together for the storm that is
                                                                        approaching
silent nearly frozen they turn into a monument of stone

il défèque dans des sentiers ombragés
baisse vos pantalons sur vos chevilles
vous prend votre amour, vole votre vie
puis vous donne à rêver et à rire

Nanabush est un trappeur en pyjama de peau de phoque
il mange du poisson devenu poison
parle une langue maintenant oubliée
et quand il plonge dans la rivière
à moitié fou mais voulant survivre
il veut toucher le fond, créer une nouvelle religion
mais il remonte à la surface
et ses mains sont froides et vides
alors les animaux lui offrent le gîte, sachant que l'hiver approche
et quand il se réveille, ils attendent ensemble la tempête qui vient
silencieux, presque gelés, les voilà devenus monument de pierre

*Traduit par Christiane Melançon*

# Margaret Atwood

## The Animals in that Country

In that country the animals
have the faces of people:

the ceremonial
cats possessing the streets

the fox run
politely to earth, the huntsmen
standing around him, fixed
in their tapestry of manners

the bull, embroidered
with blood and given
an elegant death, trumpets, his name
stamped on him, heraldic brand
because

(when he rolled
on the sand, sword in his heart, the teeth
in his blue mouth were human)

he is really a man

even the wolves, holding resonant
conversations in their
forests thickened with legend.

> In this country the animals
> have the faces of
> animals.

# Margaret Atwood

## LES ANIMAUX, DANS CE PAYS-LÀ

Dans ce pays-là, les animaux
ont visage d'humains :

solennels
chats maîtres de la rue

renard pourchassé
poliment jusqu'à son terrier, les chasseurs
groupés autour de lui, immobiles
dans leur tapisserie d'usages

taureau brodé
de sang et gratifié
d'une mort élégante, avec trompettes, estampillé
à son propre nom, marque héraldique
parce que

(quand il roula
sur le sable, l'épée au coeur, les dents
de sa bouche bleue étaient humaines)

il est vraiment un homme

même les loups, qui tiennent de percutantes
conversations dans leurs
forêts épaissies de légendes.

    Dans le pays d'ici, les animaux
    ont visage
    d'animaux.

Their eyes
flash once in car headlights
and are gone.

Their deaths are not elegant.

They have the faces of
no-one.

Leurs yeux
brillent une fois dans les phares des automobiles
puis disparaissent.

Leur mort n'est pas élégante.

Ils ont visage de
personne.

*Traduit par Gilles Marcotte*

# George Elliott Clarke

## Vision of Justice

I see the moon hunted down, spooked from hills,
Roses hammer his coffin shut, O stilled
By stuttered slander, judicial gossip,
And a killer's brawling bullet. Bludgeoned
Men, noosed by loose law, swing from pines; judges,
Chalked commandants, gabble dour commandments;
Their law books yawn like lime-white, open pits
Lettered with bones, charred gibberish, of those
Who dared to love or sing and fell to mobs.
Language has become volatile liquor,
Firewater, that lovers pour for prophets
Whom haul, from air, tongues of pentecostal fire —
Poetry come among us.

# George Eliott Clarke

## Vision de la justice

Je vois la lune chassée vers le bas, revenant des collines,
Des roses clouent son cercueil, ah ! arrêtée
Par la calomnie balbutiante, le commérage judiciaire
Et la balle bruissante d'un tueur. Des hommes
De main, saisis par des lois décousues, se balancent à des pins ;
    les juges,
Crayeux commandants, bredouillent des commandements austères ;
Leurs livres de lois bâillent comme du blanc de chaux, trous béants
Bardés d'os, charabia carbonisé, de ceux
Qui ont osé aimer ou chanter et qui sont tombés, victimes de
    la populace.
La langue est devenue une liqueur volatile,
Une eau de feu que les amants versent aux prophètes
Tirant de l'air des langues de feu pentecôtistes —
Poésie, envahis-nous.

*Traduit par Pierre DesRuisseaux*

# Leonard Cohen

## What I'm Doing Here

I do not know if the world has lied
I have lied
I do not know if the world has conspired against love
I have conspired against love
The atmosphere of torture is no comfort
I have tortured
Even without the mushroom cloud
still I would have hated
Listen
I would have done the same things
even if there were no death
I will not be held like a drunkard
under the cold tap of facts
I refuse the universal alibi

Like an empty telephone booth passed at night
and remembered
like mirrors in a movie palace lobby consulted
only on the way out
like a nymphomaniac who binds a thousand
into strange brotherhood
I wait
for each one of you to confess

# Leonard Cohen

## CE QUE JE FAIS ICI

Je ne sais pas si le monde a menti
j'ai menti
Ne sais pas si le monde a conspiré contre l'amour
j'ai conspiré contre l'amour
L'atmosphère de la torture ne réconforte pas
j'ai torturé
Même sans le nuage en champignon
j'aurais quand même haï
Écoutez
j'aurais fait les mêmes choses
même s'il n'y avait pas de mort
On ne me tiendra pas comme un ivrogne
sous le robinet froid des faits
Je refuse l'alibi universel

Comme une boîte téléphonique vide vue de nuit
et dont on se souvient
comme les miroirs dans les halls des grands cinémas
que l'on ne consulte qu'en sortant
comme une nymphomane qui lie mille hommes
en une étrange fraternité
j'attends
que chacun de vous avoue

*Traduit par Michel Garneau*

# Rienzi Crusz

## CONVERSATIONS WITH GOD ABOUT MY PRESENT WHEREABOUTS

True, I have almost forgotten
the terraced symmetries
of the rice-paddy lands.
How the gods underfoot
churned in time
a golden bowl of rice.
A loss of aesthetics, perhaps.

But I am perfect now.
They have crushed the ears of corn
to feed my belly
white slice by slice,
and all imperfections die
with One-A-Day and vitamin B complex.

True, I now walk
without the lumbering skill
of the elephant, the way
he smells the slaughter of mud and hole,
the precision of stars
in his thick legs.

But I am perfect now.
Snow and ice

# Rienzi Crusz

## Conversation avec Dieu au sujet de ma situation actuelle

Il est vrai que j'ai presque oublié
la symétrie des étendues
étagées des rizières.
Comme les dieux dans le sol
ont produit avec le temps
le précieux bol de riz.
Un manque d'esthétique, peut-être.

Mais je suis parfaitement bien maintenant.
Ils ont écrasé les épis de maïs
pour nourrir mon ventre
blanc tranche par tranche,
et toutes les imperfections s'estompent
avec des comprimés One-A-Day et de la vitamine B complexe.

Il est vrai que je marche maintenant
sans la lourde démarche
de l'éléphant, sa manière
de sentir le carnage de boue et d'ornière,
la régularité des étoiles
dans ses grosses pattes.

Mais je suis parfaitement bien maintenant.
Neige et glace

embrace my horned boots,
skates and skills,
the bones uncracked,
the butterfly's muslin wings
untorn among the thorns.

True, I sometimes ask:
Where's the primal scream
the madness of sun,
the dance of hands and pebbles
by the ocean shore?
And where's the sea shell horn,
the words of angels under the sea?

But I am perfect now.
The chameleon
has muted my rowdy scream
to the whisper of a white-boned land,
and stretching in silence,
I am a king of silence.

True, I often miss
the sensuous touch of fingers
on the shying touch-me-not,
the undergrowth's pink badge of bruise,
cacophony of crows,
the rain that pelted my thin bones.

But I am perfect now.
Seduced on shaven grass,
my barbecue glows
like a small hell,

enlacent mes bottes cornues,
mes patins et mes talents,
les os intacts,
les ailes de mousseline du papillon
indemnes parmi les épines.

Il est vrai que je demande parfois :
Où est le cri primal,
la folie du soleil,
la danse des mains et des galets
sur le rivage de l'océan ?
Et où la conque,
les mots des anges sous la mer ?

Mais je suis parfaitement bien maintenant.
Le caméléon
a transformé mon cri bruyant
en chuchotement d'un pays d'un blanc squelettique,
et m'allongeant dans le silence,
je suis le roi du silence.

Il est vrai que je manque souvent
le toucher sensuel des doigts
sur la timide impatiente,
l'insigne rose des meurtrissures du sous-bois,
la cacophonie des corneilles,
la pluie qui lapide mes os fluets.

Mais je suis parfaitement bien maintenant.
Ravi sur l'herbe glabre,
mon barbecue luit
comme un petit enfer,

the pork chops kindle,
the Molson cool,
I wear the turban of urban pride.

True, I have changed dead history
to now,
turned my father into me,
the long-gone daddy
now skating on a rink
of clowning children.

But I am perfect now
I have switched the time and place
of the womb,
my lungs free to scream
though disciplined to whisper,
free to trap the robin in my eye,
if not the strident crow.

I AM perfect now.

A brown laughing face
in the snow,
not the white skull
for the flies
in Ceylon's deadly sun.

côtelettes de porc grésillantes,
Molson froide,
je porte le turban de la fierté urbaine.

Il est vrai que j'ai changé l'histoire morte
en présent,
transformé mon père en moi-même,
le papa depuis longtemps disparu
évoluant aujourd'hui sur une patinoire
d'enfants rieurs.

Mais je suis parfaitement bien maintenant.
J'ai changé le temps et le lieu
de la matrice,
mes poumons peuvent crier
bien qu'ils aient été entraînés à chuchoter,
je peux capturer le rouge-gorge dans mon regard,
et même la stridente corneille.

Je suis parfaitement bien maintenant.

Visage brun rieur
dans la neige,
non le crâne blanchi
livré aux mouches
sous le funeste soleil de Ceylan.

*Traduit par Pierre DesRuisseaux*

# Cyril Dabydeen

## For Columbus

### I

When grapes are her breasts
And apples her skin, I am at home—
I long for Italian brothers, Greek sisters,
An African father
                   an Indian mother

I long with the same longing
As the clouds looking down, the sky
About to tilt over
Like a ship in a hefty sea.

I also long for a French aunt
Who will elegantly raise a handkerchief
In the wind, signalling an archipelago—
And I cry out, "Islands, islands!"

### II

Now it is you who I remember,
Your neck bruised, the shadow
Of an axe coming down
              in the Tower
You too, Cortez, as Montezuma burns
Inside, his cry resounding in the night,

# Cyril Dabydeen

## À Colomb

### I

Comme sa poitrine est de raisins
Et sa peau de pommes, je suis chez moi —
Je désire ardemment des frères italiens, des sœurs grecques,
Un père africain
                une mère indienne

Je désire avec la même ardeur
Que les nuages culminants, le ciel
Prêt à s'incliner
Tel un navire sur une mer houleuse

Je désire aussi une tante française
Agitant un mouchoir avec élégance
Dans le vent, montrant un archipel —
Tandis que je m'écrie : « Des îles ! Des îles ! »

### II

Maintenant c'est de toi dont je me souviens,
Le cou meurtri, l'ombre
D'une hache qui s'abat
                dans la Tour
De toi aussi, Cortez, alors que se consume Montezuma
À l'intérieur, son cri résonnant dans la nuit,

You with your Quetzalcoatl face,
A helmet still glinting.

                    Pizarro next,
As I watch the Incas in silver mines
Living out a life, buried in sand, their heads
Above the ground while the ocean once more
                    threatens disaster.

            III

With a Crusoe mask, I listen in the distance,
Our Friday's commands,
The Spanish Empire sinking in the background—
This treasure is all I am left with,
Bible in hand, the sun whipping by—
A lopsided moon sinking lower
Into a bottomless sea,

And I try to jump over it, my paradiso,
El Dorado, the heathen sky
Falls prostrate
                    at my feet.

Toi et ta figure de Quetzalcoatl,
Le casque brillant toujours

               De Pizarro ensuite,
Tandis que j'aperçois les Incas dans les mines d'argent
Toute leur vie enterrés dans le sable, la tête
Émergeant du sol tandis que l'océan encore une fois
                étend sa menace

               III

Coiffé du masque de Crusoé, j'écoute au loin
Nos ordres de Vendredi,
L'Empire espagnol sombrant en arrière-plan —
Ce trésor est tout ce qui me reste,
Bible en main, le soleil cinglant —
Une lune de travers qui sombre plus profondément
Dans une mer sans fond

Et j'essaie de l'enjamber, mon paradiso,
El Dorado, le ciel païen
Se prosterne
               à mes pieds.

*Traduit par Pierre DesRuisseaux*

# Mary di Michele

## Enigmatico

His limpid skin is green gold as he reclines
in a shade that crowns him with the leaves of vines.
As smooth as the golden skinned grapes his
thighs are about to burst their denim husks,
the golden thighs of a man of bronze.

Eyes of pale amber, with the bite of brandy.
Lips that kiss her lady's shoe, her knee,
the liquid outward curve of her hip,
lips that call her madonna,
his dream of a bright aproned jewel for his
kitchen,
he polishes it there in the long grass of August
until he rips her leisurely as a silk,

and she cries out caught
with one bare foot in a village in Abruzzi,
the other laced into English shoes in Toronto,
she strides the Atlantic legs spread
like a Colossus.

Photograph of a girl dressed as a gypsy,
child waist pinched by a red girdle,
for *Carnevale*,

in another world, wearing the black academic gown,
a rabbit skin about her shoulders,
she hangs on the wall of a suburban bungalow.

# Mary di Michele

ENIGMATICO

Sa peau limpide est d'or vert tandis qu'il repose
dans l'ombre le couronnant de feuilles de vignes.
Aussi lisses que de doux raisins dorés ses cuisses
vont faire éclater leur enveloppe de treillis,
cuisses dorées d'un homme de bronze.

Yeux d'ambre pâle, sous la morsure du cognac.
Lèvres caressant la chaussure de sa dame, son genou,
la courbe extérieure fluide de sa hanche,
lèvres qui l'appellent madone,
son rêve d'un pur bijou
à tablier pour sa cuisine,
il le polit là, dans les hautes herbes d'août
jusqu'à ce qu'il la déchire aussi nonchalamment qu'une soie,

et elle pousse un cri happée
un pied nu dans un village des Abruzzes,
l'autre enlacé dans des chaussures anglaises à Toronto,
enjambant à grands pas l'Atlantique jambes tendues
tel un colosse.

Photographie d'une fillette habillée comme une bohémienne,
taille enserrée par une ceinture rouge,
pour le *Carnevale*,

dans un autre monde, vêtue de la tenue académique noire,
fourrure de lapin sur les épaules,
elle pend au mur d'un bungalow de banlieue.

*Traduit par Pierre DesRuisseaux*

# Marya Fiamengo

## In Praise of Old Women

Yes, Tadeusz Rozewicz, I too
prefer old women.
They bend over graves
with flowers,
they wash the limbs of the dead,
they count the beads of their rosaries,
they commit no murders
they give advice
or tell fortunes,
they endure.

In Poland, in Russia,
in Asia, in the Balkans,
I see them shawled, kerchiefed
bent-backed, work-wrinkled.

But Tadeusz,
have you been to America?
Where we have no old women.
No Stara Babas,
no haggard Madonnas.

Everyone, Tadeusz, is young in America.
Especially the women
with coifed blue hair
which gleams like the steel

# Marya Fiamengo

## Hommage aux vieilles femmes

Oui, Tadeusz Rozewicz, moi aussi
je préfère les vieilles femmes.
Elles se penchent sur les tombes
les bras chargés de fleurs,
elles lavent les corps des morts,
elles égrainent leurs rosaires,
elles ne commettent aucun meurtre
elles prodiguent des conseils
ou disent la bonne aventure,
elles endurent.

En Pologne, en Russie,
en Asie, dans les Balkans,
Je les vois sous leurs châles, leurs foulards,
le dos courbé, usées par le travail.

Mais Tadeusz,
es-tu venu en Amérique ?
Ici, nous n'avons pas de vieilles femmes.
Pas de Stara Babas,
ni de madones hagardes.

Tout le monde, Tadeusz, est jeune en Amérique.
Surtout les femmes
avec leurs cheveux bleus bien coiffés
luisants comme l'acier

of jets in the daytime sky.
Smooth-skinned at sixty,
second debuts at fifty
renascent
they never grow old in America.

And we have in America
literate, sexually liberated women
who wouldn't touch a corpse,
who confuse lechery with love,
not out of viciousness
but boringly
out of confusion, neurosis, identity crises.

Tadeusz,
I go to the cemetery
with my mother
one of us stoically old,
the other aging,
and I tell you, Tadeusz,
I will grow old in America.
I will have no second debut.
I will raise my son on old battles,
Kossovo, Neretva, Thermopylae,
Stalingrad and Britain,
and I will wrinkle adamantly in America.

I will put salt in the soup
and I will offer bread and wine
to my friends,
and I will stubbornly praise old women

des jets dans le ciel en plein jour.
Peaux douces à soixante ans,
second début à cinquante
elles renaissent
et ne vieillissent jamais en Amérique.

Nous avons en Amérique
des femmes libérées, sexuellement libérées
qui ne toucheraient pas un cadavre
qui confondent luxure et amour
non par malice
mais par ennui
par confusion, névrose, crise d'identité.

Tadeusz,
Je vais au cimetière
avec ma mère
l'une est vieille stoïquement,
l'autre vieillissante,
et je te le dis, Tadeusz,
Je vieillirai en Amérique.
Je n'aurai pas de second début.
J'élèverai mon fils en lui parlant des vieilles guerres,
Kossovo, Neretva, Thermopylae,
Stalingrad et Grande-Bretagne,
et je riderai résolument en Amérique.

Je mettrai du sel dans la soupe
et j'offrirai du pain et du vin
à mes amis,
et je m'entêterai à rendre hommage aux vieilles femmes

until their thin taut skins
glow like Ikons ascending on escalators
like Buddhas descending in subways,
and I will liberate all women
to be old in America
because the highest manifestation of wisdom,
Hagia Sophia,
is old and a woman.

jusqu'à ce que leur mince peau crispée
brille comme des idoles gravissant les escaliers roulants
comme des bouddhas descendant dans le métro,
et je rendrai toutes les femmes libres
d'être vieilles en Amérique
parce que la grande incarnation de la sagesse,
Hagia Sophia,
est vieille et femme.

*Traduit par Christiane Melançon*

# Len Gasparini

## Il Sangue
(*For Pier Giorgio Di Cicco*)

The blood that moves through your language
moves through mine.
The heart that gives it utterance
is ours alone.

Come away from that cancer of neon
with its running sores of money.
The city's iron skyline
bends before the structure of a poem.

Our people work in the Tuscan fields,
where the rain walks barefoot
and the fragrance
of the breathing earth

rustles like the body of a woman
reaching out to you in sleep.
Let us string our mandolins and sing
*O Sole Mio* every night.

The joy is ours.
Strangled by a spaghetti stereotype,
an Italian is supposed to lay bricks.
You build poems with the stars.

# Len Gasparini

## Il sangue
*À Pier Giorgio Di Cicco*

Le sang qui circule dans ta langue
circule dans la mienne.
Le cœur qui lui donne voix
n'appartient qu'à nous seuls.

Écarte-toi du cancer de néon
avec ses plaies ouvertes d'argent.
La silhouette de fer de la ville
ploie devant l'architecture d'un poème.

Nos gens travaillent dans les champs toscans
où la pluie se promène pieds nus
et le parfum
de la terre qui respire

bruisse comme un corps de femme
se rapprochant de toi dans ton sommeil.
Pinçons les cordes de nos mandolines et chantons
*O Sole Mio* tous les soirs.

La joie nous appartient.
Étouffé par un stéréotype spaghetti
l'Italien est censé poser des briques.
Tu construis des poèmes avec les étoiles.

*Traduit par Pierre DesRuisseaux*

# Kevin Irie

## An Immigrant's Son Visits the Homeland

You are the future
these fathers dream of: the son
who flies over for a summer visit,
his belly nourished by Canadian wheat,
the one who is welcomed
into the garden, given the shade,
the head of the table.

You are the stranger
whose past is dark
as the hairs that sprout
beneath your fine shirt;
the boy who speaks English
just as well as the Yankees
that inhabit their TV screens at night.

Daughters increase
the light in their eyes
as if your words
were fuel for desire:
that one word, *Canada*,
crumbling in their mouths
like sweetened morsels of heady cake.

They know the locals
who offer them marriage

# Kevin Irie

## Un fils d'immigrant visite la mère patrie

Vous êtes l'avenir
dont les pères ont rêvé : le fils
qui prend l'avion pour rendre visite, l'été,
le ventre plein de blé canadien,
le fils qu'on accueille au jardin,
auquel on réserve une place à l'ombre
et le bout de la table.

Vous êtes l'étranger
au sombre passé
dont les poils émergent
à travers la fine chemise ;
le fils qui parle anglais
aussi bien que les Yankees
qui peuplent leurs écrans de télé le soir.

Dans les yeux des filles
la lueur s'accroît
comme si vos paroles
éveillaient le désir :
ce seul mot, *Canada,*
s'émiettant dans leurs bouches
comme les morceaux sucrés d'un gâteau enivrant.

Elles savent que les hommes du coin
qui les demandent en mariage

can only give love
and food, at best.

But English, they know,
is better than food:
it's the field that grows
a good many crops over and over,
the seed that can raise
a stalk unto heaven.

And these girls are restless,
tired of a future
handed down to their mothers:
the soil that is drained from too much planting,
the days that drop
like fruit to the ground,
sometimes eaten, sometimes gnawed.

They want your life
to be their future,
press ripe slices
of fruit to your hands.

*Look*, their eyes seem to say to you,
*English is our aphrodisiac.*

peuvent leur donner seulement de l'amour
et les nourrir, au mieux.

Mais l'anglais, elles le savent,
vaut mieux que la nourriture :
c'est le champ où pousseront
encore et encore de bonnes récoltes,
c'est la graine qui peut germer
en une tige jusqu'au ciel.

Et toutes ces filles agitées,
lasses de se voir offrir l'avenir
transmis à leurs mères :
un sol épuisé par trop de récoltes,
des jours qui tombent
comme des fruits murs sur le sol,
parfois mangés, parfois rongés.

Elles veulent que votre vie
soit leur avenir
pressant des tranches de fruits mûrs
contre vos mains.

*Regarde*, semblent dire leurs yeux,
*l'anglais est notre aphrodisiaque.*

*Traduit par Christiane Melançon*

# A. M. Klein

## Montreal

### I

O city metropole, isle riverain!
Your ancient pavages and sainted routs
Traverse my spirit's conjured avenues!
Splendour erablic of your promenades
Foliates there, and there your maisonry
Of pendant balcon and escalier'd march,
Unique midst English habitat,
Is vivid Normandy!

### II

You populate the pupils of my eyes:
Thus, does the Indian, plumèd, furtivate
Still through your painted autumns, Ville-Marie!
Though palisades have passed, though calumet
With tabac of your peace enfumes the air,
Still do I spy the phantom, aquiline,
Genuflect, moccasin'd, behind
His statue in the square!

### III

Thus, costumed images before me pass,
Haunting your archives architectural:
*Coureur de bois*, in posts where pelts were portaged;
Seigneur within his candled manoir; Scot
Ambulant through his bank, pillar'd and vast.

# A. M. Klein

MONTRÉAL

I

Ô cité métropolis, isle riveraine !
Tes anciens pavements et roades sanctifiées
Croisent les avenues conjurées de mon esprit !
La splendeur érablique de tes promenades
Foliole là, et là ta maiçonnerie
De balcons pendants et d'escaliers dégringolants,
Unique dans l'habitat anglais,
C'est, toute vive, la Normandie !

II

Tu peupulises les pupilles de mes yeux :
Ainsi l'Indien, plumé, furetive
Toujours dans tes autumnes peints, Ville-Marie !
Même si les palissades ont passé, même si le calumet
Du tabac de ta paix enfume l'air,
Toujours j'épie le fantôme, aquilin,
Génuflecté, mocassiné, derrière
Sa statue dans le square !

III

Ainsi des images en costume devant moi passent,
Hantant tes archives architecturales :
Le *Coureur des bois,* aux postes où les peaux étaient portagées ;
Le Seigneur dans son manoir candélabré ; l'Écossais
Déambulant dans sa banque, vaste et encolonnée.

Within your chapels, voyaged mariners
Still pray, and personage departed,
All present from your past!

### IV

Grand port of navigations, multiple
The lexicons uncargo'd at your quays,
Sonnant though strange to me; but chiefest, I,
Auditor of your music, cherish the
Joined double-melodied vocabulaire
Where English vocable and roll Ecossic,
Mollified by the parle of French
Bilinguefact your air!

### V

Such your suaver voice, hushed Hochelaga!
But for me also sound your potencies,
Fortissimos of sirens fluvial,
Bruit of manufactory, and thunder
From foundry issuant, all puissant tone
Implenishing your hebdomad; and then
Sanct silence, and your argent belfries
Clamant in orison!

### VI

You are a part of me, O all your quartiers —
And of dire pauvreté and of richesse —
To finished time my homage loyal claim;
You are locale of infancy, milieu
Vital of institutes that formed by fate;
And you above the city, scintillant,
Mount Royal, are my spirit's mother,
Almative, poitrinate!

Dans tes chapelles, des marins envoyagés
Toujours prient, et personnages en allés
Tous présents issus de ton passé !

IV

Grand habre de navigations, multiples
Les lexiques décarguent à tes quais,
Sonoreux même s'ils me sont étranges ; mais surtout, moi,
Auditeur de ta musique, je chéris le
Vocabulaire conjoint bimélodié
Où vocable anglais et roulement écossique,
Mollifiés par le parlé français,
Bilingualisent ton air !

V

Telle est ta plus suave voix, sage Hochelaga !
Mais pour moi sonnent aussi tes forces,
Fortissimos des sirènes fluviales,
Noises des manufactures, et tonnerre
Issant des fonderies, toute puissante tonalité
Implissant ton hebdomade ; et puis
Sanct silence, et tes beffrois d'argent
Clament en horaison !

VI

Tu fais partie de moi, ô tous tes quartiers —
Et d'abjecte poverté et de richesse —
Jusqu'à la fin des temps réclament mon loyal hommage ;
Tu es le lieu de l'infance, le milieu
Vital des instituts qui ont décidé de mon destin ;
Et toi, au-dessus de la cité, scintillante,
Mont-Royal, tu es la mère de mon esprit,
Nourrichère, poitrinante !

## VII

Never do I sojourn in alien place
But I do languish for your scenes and sounds,
City of reverie, nostalgic isle,
Pendant most brilliant on Laurentian cord!
The coigns of your boulevards — my signiory —
Your surburbs are my exile's verdure fresh,
Your parks, your fountain'd parks —
Pasture of memory!

## VIII

City, O city, you are vision'd as
A parchemin roll of saecular exploit
Inked with the script of eterne souvenir!
You are in sound, chanson and instrument!
Mental, you rest forever edified
With tower and dome; and in these beating valves,
Here in these beating valves, you will
For all my mortal time reside!

### VII

Jamais je ne séjourne à l'étranger
Que je ne languisse pour ton opéra,
Cité de resverie, isle nostalgique,
Pendant le plus brillant de la chaîne laurentienne !
Les coins de tes boulevards — ma seignorie —
Tes banlieues — fraîche verdure de mon exil —
Tes parcs, tes parcs enfontainés —
Pasture de mes souvenirs !

### VIII

Cité, ô cité, je te vois comme
Un parchement roulé d'exploits séculaires
Encré de l'écriture de mémoire pérenne !
Tu es toute sons, chansons, instruments !
Mentale, tu reposes à jamais édifiée
Avec tours et dômes ; et dans ces artères qui battent,
Ici, dans ces artères qui battent, tu vas
Pour toute ma durée mortelle résider !

*Traduit par Charlotte et Robert Melançon*

# Joy Kogawa

## What do I Remember of the Evacuation

What do I remember of the evacuation?
I remember my father telling Tim and me
About the mountains and the train
And the excitement of going on a trip.
What do I remember of the evacuation?
I remember my mother wrapping
A blanket around me and my
Pretending to fall asleep so she would be happy
Though I was so excited I couldn't sleep
(I hear there were people herded
Into the Hastings Park like cattle.
Families were made to move in two hours
Abandoning everything, leaving pets
And possessions at gun point.
I hear families were broken up
Men were forced to work. I heard
It whispered late at night
That there was suffering) and
I missed my dolls.
What do I remember of the evacuation?
I remember Miss Foster and Miss Tucker
Who still live in Vancouver
And who did what they could
And loved the children and who gave me
A puzzle to play with on the train.
And I remember the mountains and I was

# Joy Kogawa

## Mes souvenirs de l'évacuation

Quels souvenirs ai-je gardés de l'évacuation ?
Mon père, qui nous parlait, à Tim et à moi
Des montagnes et du train
Et l'excitation de partir en voyage.
Quels souvenirs ai-je gardés de l'évacuation ?
Ma mère, qui enroulait
Une couverture autour de moi, et moi
Prétendant dormir pour lui plaire
Même si j'étais trop énervée pour le faire
(On m'a raconté que des gens avaient été envoyés
au parc Kastings comme du bétail.
Les familles avaient deux heures pour partir
Laissant tout derrière elles, animaux
Et biens, sous la menace du fusil.
On m'a raconté que des familles avaient été séparées
Des hommes mis aux travaux forcés. On m'a raconté
Les soupirs tard le soir
Les souffrances)
Et mes poupées me manquaient.
Quels souvenirs ai-je gardés de l'évacuation ?
Je me rappelle Miss Foster et Miss Tucker
Qui vivent toujours à Vancouver
Qui ont fait ce qu'elles ont pu
Elles aimaient les enfants, elles m'ont donné
Un casse-tête pour jouer dans le train.
Je me rapelle les montagnes

Six years old and I swear I saw a giant
Gulliver of Gulliver's Travels scanning the horizon
And when I told my mother she believed it too
And I remember how careful my parents were
Not to bruise us with bitterness
And I remember the puzzle of Lorraine Life
Who said 'Don't insult me' when I
Proudly wrote my name in Japanese
And Tim flew the Union Jack
When the war was over but Lorraine
And her friends spat on us anyway
And I prayed to the God who loves
All the children in his sight
That I might be white.

J'avais six ans et, je le jure, j'ai vu un géant
Gulliver des Voyages de Gulliver traversant l'horizon
Et quand je l'ai dit à ma mère, elle l'a cru aussi
Et je me rappelle comment mes parents prenaient soin
De ne pas nous blesser de leur amertume
Et je me rappelle ma perplexité quand Lorraine Life
A dit « Ne m'insulte pas » quand j'ai écrit fièrement
Mon nom en japonais
Et Tim a fait flotter l'Union Jack
Quand la guerre fut terminée mais Lorraine
Et ses amis ont craché sur nous de toutes façons
Et j'ai prié Dieu qui aime
Tous les enfants
De faire de moi une blanche.

*Traduit par Christiane Melançon*

# Irving Layton

## TO THE VICTIMS OF THE HOLOCAUST

Your terrible deaths are forgotten;
no one speaks of them any more.

The novelty of tattooed forearms
wore off quickly; people now say
your deaths are pure invention, a spoof.

More corrosive of human pride
than Copernicus or Darwin, your martyrdoms
must lie entombed in silence.

The devil himself is absolved, polyhistors
naming him the only fascist in Europe
ignorant you were changed into soap and smoke.

That's how the wind blows. Tomorrow
some *goy* will observe you never existed
and the Holocaust your just deserts
for starting wars and revolutions.

I live among the blind, the deaf, and the dumb.
I live among amnesiacs.

My murdered kin
let me be your parched and swollen tongue
uttering the maledictions
bullets and gas silenced on your lips.

# Irving Layton

## Aux victimes de l'Holocauste

Vos effroyables morts ont été oubliées
on ne parle plus de vous désormais.

L'étrangeté de vos avant-bras tatoués
s'est vite usée ; on dit maintenant de
vos morts qu'elles sont pure invention ; du bidon.

Plus corrosifs pour l'amour-propre humain
que ne le furent Copernic ou Darwin, vos supplices
doivent être ensevelis dans le silence.

Le diable lui-même est absous, les érudits
l'ayant désigné le seul fasciste de l'Europe
ignorant qu'on ait fait de vous savon, fumée.

Ainsi tourne le vent. Et demain
quelque goy fera observer que votre existence est fiction
et que vous avez bien mérité l'Holocauste
pour avoir fomenté guerres et révolutions.

Je vis parmi les sourds, les muets, les aveugles.
Je vis parmi les amnésiques.

Ma parenté assassinée
je serai votre langue desséchée et enflée
proférant les malédictions
qu'ont fait taire sur vos lèvres le gaz et les fusils.

Fill, fill my ears with your direst curses.
I shall tongue them, unappeasable shades,
till the sun turns black in the sky.

Saturez mes oreilles de vos pires anathèmes.
Je leur donnerai voix, spectres inapaisables,
jusqu'à ce que le soleil passe au noir dans le ciel.

*Traduit par Michel Albert*

# Dorothy Livesay

## THE SECRET DOCTRINE OF WOMEN

The solution is always at hand:
lurking unsuspected just around
the corner; on the wave-torn shore
or vivid on a path in springing woods;
in the gnarled patience of that oak — look there!
or deep in a crowd at traffic halt
one face alight
one woman's hair

In a dream I heard the familiar words:
*Knock, and it shall be opened unto you;*
*Seek, and ye shall find.*
All day I hugged that message
close to my heart —
all month I remembered it —
all year I groped
aching for that truth, as yet unlocked
searching far and wide
and all the while you bided there
close by
offering yourself, your love.
As at a stroke of lightning I awoke
and found you at my side
and saw revealed
the secret doctrine we must share —
share and divide

# Dorothy Livesay

## LA SECRÈTE DOCTRINE DES FEMMES

La solution est toujours à portée de la main :
cachée, insoupçonnée, là, juste au tournant ;
sur la plage déchirée par la vague
ou aveuglante dans le sentier d'un boisé printanier ;
dans la patience noueuse de ce chêne-là attention !
ou bien au beau milieu d'une foule à un feu de
circulation
visage illuminé
chevelure d'une femme

Dans un rêve, ai entendu ces mots familiers :
*Frappe et on t'ouvrira ;*
*Cherche et tu trouveras.*
Tout le jour, j'ai serré ce message
sur mon cœur —
tout le mois, je me le suis rappelé —
toute l'année, au hasard je cherchais
en mal de cette vérité encore irrévélée
cherchant loin et partout
et tout ce temps tu attendais là
tout près
faisant offrande de toi-même, de ton amour.
À la lumière d'un éclair, je me suis réveillée
et t'ai trouvée à mes côtés
et eu la révélation
de la secrète doctrine que nous devons partager —

A private eye, only the sun
sees us
stretched on the shore
your torso gleaming against rock
I on sand alongside
soaking up the whiteness of your skin —
marble flow of flesh
whose veins
explore with rock
the pathway to the sea.

I am amazed at me
so joined
my blood racing and pounding
beside yours
my mind hooded within your head
the pressure of our fingers locked
as ankle is to foot
knee to thigh
heart to lung —

The solution
opens up like morning
seizes us    every day
with a new song:
you are the watcher in my brain
who tells me how to dream

partager et diviser
Œil privé, seul le soleil
nous voit
allongées sur la plage
ton torse étincelant sur le rocher
moi sur le sable à tes côtés
m'imbibant de la blancheur de ta peau —
flot marbré de chair
dont les veines
explorent avec le roc
le chemin de la mer.

Je me surprends
ainsi unie
mon sang coulant à la vitesse et au rythme
du tien
mon esprit sous le toit de ta tête
la pression de nos doigts joints
comme le talon au pied
le genou à la cuisse
le cœur au poumon —

La solution
éclate comme le matin
qui nous saisit chaque jour
avec un nouveau chant :
tu es la veilleuse dans ma tête
qui me dit comment rêver

*Traduit par Jean Antonin Billard*

# Pat Lowther

### It Happens Every Day

children crawl into
dumped refrigerators;
trappers alone on snowfields
step in their own snares;
women court dangerous men
who will beat them to death.

on the other hand
it isn't the landlord
who dies when a tenement burns;
the housewife who puts up
botulism in jars
takes her whole family with her;
hunters who wear red jackets
still get shot.

# Pat Lowther

## DES INCIDENTS QUOTIDIENS

un enfant se glisse
dans un frigo abandonné ;
un trappeur solitaire
dans un champ de neige
se prend dans son propre piège ;
une femme fréquente un homme dangereux
qui la battra à mort.

par contre
ce n'est pas le propriétaire
qui périt dans l'incendie de son immeuble ;
la mère de famille qui mêle
le botulisme à ses conserves
entraîne toute sa famille avec elle ;
le chasseur vêtu de rouge
se fait quand même tuer.

*Traduit par Diane Allard*

# Daphne Marlatt

## KORE

no one wears yellow like you excessive and radiant storehouse
of sun, skin smooth as fruit but thin, leaking light. (i am climbing
toward you out of the hidden.) no one shines like you, so that even
your lashes flicker light, amber over blue (*amba*, amorous Demeter,
you with the fire in your hand, i am coming to you). no one my
tongue burrows in, whose wild flesh opens wet, tongue seeks its
nest, amative and nurturing (here i am you) lips work towards
undoing (*dhei*, female, sucking and suckling, fecund) spurt/spirit
opening in the dark of earth, *yu!* cry jubilant excess, your fruiting
body bloom we issue into the light of, sweet, successive flesh...

# Daphne Marlatt

## Korê

personne ne porte du jaune aussi bien que toi, toi l'excessif
et rayonnant réceptacle du soleil, peau lisse comme un fruit mais
fine, laissant passer la lumière. (je grimpe vers toi sortie du caché.)
personne ne brille comme toi, même tes cils font clignoter leur
lumière, de l'ambre sur du bleu (*amba*, Déméter amoureuse, toi
avec le feu au creux de la main, j'accours vers toi). personne en qui
ma langue s'enfonce comme en toi et dont la chair impétueuse
s'ouvre toute moite, la langue cherche son nid, nourricière portée à
aimer (ici je suis toi) les lèvres s'activent vers l'abandon (*dhei*, femelle,
suçant et tétant, féconde) jaillissement de corps et d'esprit s'ouvrant
dans le sombre de la terre, *yu*! cri jouissance / réjouissance excès,
floraison de ton corps fruitier, nous nous épanchons dans
sa lumière, chair sucrée consécutive...

*Traduit par Arlette Francière*

# Seymour Mayne

## Before Passover

Before Passover there in the old flat
who searched at the underside of curtains,
spiders' dust, for the crumbs of final dinners?

Rummaging for bread in 1919
grandmother gave up on fresh compost heaps,
found instead sweetgrass
roots to feed her brood.

Later in the bustling capital the refugees
found others even trying
to cheat them of the price of passage.

'In Canada bread grows on trees — '
the children fed their big eyes and ears —
'In Canada one merely picks them for the eating!'

Early winter nights later in Montreal
they returned from work and underpay,
their snowy three-sided shadows
marching them into silence.

From afar now hear
the voices of aging women,
smell the shawl hugging
the wizened *bobeh*

# Seymour Mayne

## Avant la Pâque

Avant la Pâque, là-bas, dans le vieil appartement,
qui scrutait les doublures des rideaux,
dans la poussière d'araignée, cherchant les miettes des derniers repas ?

En 1919, en quête de pain,
grand-maman abandonna ses tas de compost tout frais
et s'en remit aux racines du cerfeuil
pour nourrir sa couvée.

Plus tard, dans la capitale bruyante, les réfugiés rencontraient
ceux qui essayaient de les tricher même sur le prix
du passage.

« Au Canada, le pain pousse sur les arbres »
les enfants s'emplissaient d'avance les yeux et les oreilles
« Au Canada, il suffit de cueillir et de manger ! »

Plus tard, au début de l'hiver à Montréal,
ils revenaient la nuit de leur travail sous-payé,
leurs ombres dédoublées les précédant
dans le silence de la neige.

Écoute au loin
les voix des femmes vieillissantes
respire l'odeur de la grand-maman sagace
enveloppée dans son châle,

who never begged but lived
for the conceptions of the ordinary,
bartering in the bazaars of genes and death.

elle n'a jamais mendié
elle a vécu pour les idées du commun
en marchandant au bazar du génétique et de la mort.

*Traduit par Jacques Marchand*

# Antonino Mazza

## Canadese

Because life for him
has been labour and struggle,
Canadese, remember your father.
Don't try to stifle your mother tongue,
in our cage, it is wrong;
do canaries smother their private song?

Be patient, don't rage,
Canadese, in time we'll belong;
we'll acquire our own sense of this land;
we'll record life and death of our million births;
we'll have families,
above and below the earth.

Canadese, you must never forget
what you are... never!
because when you do, they'll remind you

# Antonino Mazza

## CANADESE

Parce que la vie pour ton père
était faite de labeur et de lutte,
Canadese, souviens-toi de lui.
N'essaie pas d'étouffer ta langue maternelle,
dans notre cage, il ne faut pas ;
les canaris étouffent-ils leurs chants ?

Sois patient, ne te mets pas en colère,
Canadese, avec le temps nous ferons partie de cette société ;
nous acquerrons notre propre vision de ce pays ;
nous enregistrerons l'avènement de nos millions de naissances ;
nous aurons des familles,
sur et sous la terre.

Canadese, tu ne dois jamais oublier
qui tu es... jamais !
car si tu oublies, ils te le rappelleront

*Traduit par Pierre DesRuisseaux*

# Michael Ondaatje

## The Cinnamon Peeler

If I were a cinnamon peeler
I would ride your bed
and leave the yellow bark dust
on your pillow.

Your breasts and shoulders would reek
you could never walk through markets
without the profession of my fingers
floating over you. The blind would
stumble certain of whom they approached
though you might bathe
under rain gutters, monsoon.

Here on the upper thigh
at this smooth pasture
neighbour to your hair
or the crease
that cuts your back. This ankle.
You will be known among strangers
as the cinnamon peeler's wife.

I could hardly glance at you
before marriage
never touch you
— your keen nosed mother, your rough brothers.
I buried my hands

# Michael Ondaatje

L'ÉCORCEUR DE CANNELIER

Si j'étais écorceur de cannelier
je chevaucherais ton lit
et laisserais une traînée de poudre jaune
sur l'oreiller.

L'odeur imprégnerait tes épaules et tes seins.
Chaque fois que tu déambulerais dans les marchés
l'empreinte de mon métier t'envelopperait
comme un voile. Tu aurais beau
te baigner sous la pluie des moussons,
l'aveugle chancelant saurait te reconnaître
à ton approche.

Ici, vers le haut de la cuisse
dans cette douce prairie
en bordure de tes poils,
ou dans la vallée
qui sillonne ton dos. À la cheville.
Tu seras connue à la ronde
comme la femme de l'écorceur de cannelier.

À peine pouvais-je te regarder
avant notre mariage
jamais te toucher
(ta mère avait le nez long, tes frères, le regard dur).
J'ai enfoui mes mains

in saffron, disguised them
over smoking tar,
helped the honey gatherers...

When we swam once
I touched you in water
and our bodies remained free,
you could hold me and be blind of smell.
You climbed the bank and said

        this is how you touch other women
the grass cutter's wife, the lime burner's daughter.
And you searched your arms
for the missing perfume

        and knew

        what good is it
to be the lime burner's daughter
left with no trace
as if not spoken to in the act of love
as if wounded without the pleasure of a scar.

You touched
your belly to my hands
in the dry air and said
I am the cinnamon
peeler's wife. Smell me.

dans le safran, les ai travesties
au-dessus du goudron fumant,
les ai employées à la récolte du miel...

Une fois, nous nous sommes baignés
et je t'ai effleurée dans l'eau
nos corps étaient libres
tu pouvais me toucher et être sourde à mon odeur.
Ayant gagné la rive, tu m'as dit

        c'est ainsi que tu touches d'autres femmes
la femme du faucheur de foin, la fille du chaufournier.
Tu flairais en vain sur ton corps
le parfum manquant

        et tu as compris

        à quoi bon
être la fille du chaufournier
s'il ne reste aucune trace
comme quand on fait l'amour sans s'adresser la parole
ou qu'on est blessé sans le plaisir d'une cicatrice.

Tu as collé ton ventre
contre mes mains
dans l'air sec en disant
Je suis la femme de l'écorceur
de cannelier. Sens-moi.

*Traduit par Patricia Godbout*

# Uma Parameswaran

## CHANDER I

My sister writes every few months,
November and April,
thinking I might come for Xmas
or the summer. Short lists, all underlined
or in block letters:
Bring a car, a blue Chev, and if possible
postcards of your Boeing 707.
Later, all the Katy books, Enid Blytons,
magic slates and if possible summer frocks.

My father, in his large scrawl,
writes every week, often ending:
Find yourself a job, Chander, and stay there;
This country is ruled by blackguards.
I see him in his cane-woven recliner
Reading *The Hindu* first to last
on the stone verandah.
"Blaggards, allofem swindling blaggards."

My mother wrote to me
in Tamil, "Om" centred top of the page:
My dear son, A mother's blessing.
I am glad to know you like your college;
I am sorry to hear you don't like the food;
I am glad to tell you next-door Usha's marriage
is on the sixteenth, by grace of God.

# Uma Parameswaran

## CHANDER I

Ma sœur m'écrit deux ou trois fois par année,
en novembre et en avril,
espérant que j'irai la voir à Noël
ou en été. Listes d'articles sélectionnés, tous soulignés
ou en lettres carrées :
Amène une automobile, une Chevrolet bleue, et si possible
des cartes postales de ton Boeing 707.
Plus loin, tous les livres de Katy, d'Enid Blyton,
des ardoises magiques et si possible des robes d'été.

Dans son grand gribouillage, mon père
écrit toutes les semaines, terminant souvent par :
Trouve-toi un emploi, Chander, et conserve-le ;
Ce pays est gouverné par des canailles.
Je l'imagine dans son fauteuil de rotin
lisant *The Hindu* de la première à la dernière ligne
sur la véranda en pierre.
« Des frimeurs, de satanés coquins de frimeurs. »

Ma mère m'a écrit
en tamoul, un « Om » centré au haut de la page :
Mon cher fils, meilleurs vœux d'une mère.
Je suis heureuse de savoir que tu aimes le collège ;
Je suis peinée d'apprendre que tu n'aimes pas la nourriture ;
Je suis heureuse de t'annoncer que le mariage d'Usha qui habite
     à côté

I am sorry your sister scorched her fingers
with Deepavali firecrackers. It is healing.
My son, this is the land where the Ganga flows.
Your father is well. Our blessings. Mother.
Her first letter

and her last.

aura lieu le seize, grâce à Dieu.
Je suis désolée que ta sœur se soit brûlé les doigts
avec des pétards de Deepavali. C'est en voie de guérison.
Mon fils, c'est ici le pays où coule le Gange.
Ton père se porte bien. Nos meilleurs vœux. Ta mère.
Sa première lettre

et sa dernière.

*Traduit par Pierre DesRuisseaux*

# Al Purdy

### THE COUNTRY NORTH OF BELLEVILLE

Bush land scrub land —
    Cashel Township and Wollaston
Elzevir McClure and Dungannon
green lands of Weslemkoon Lake
where a man might have some
    opinion of what beauty
is and none deny him
    for miles —

Yet this is the country of defeat
where Sisyphus rolls a big stone
year after year up the ancient hills
picnicking glaciers have left strewn
with centuries' rubble
    backbreaking days
    in the sun and rain
when realization seeps slow in the mind
without grandeur or self-deception in
    noble struggle
of being a fool —

A country of quiescence and still distance
a lean land
    not like the fat south
with inches of black soil on
    earth's round belly —

# Al Purdy

### LE PAYS EN HAUT DE BELLEVILLE

Terres de bois terres de brousse —
                le Canton de Cashel et Wollaston
Elzevir McClure et Dungannon
les terres vertes du lac Weslemkoon
où chacun peut se faire son
                idée de la beauté
sans qu'on ait à y redire
                pour des milles à la ronde —

Pourtant c'est ici le pays de la défaite
où Sisyphe roule son rocher
d'année en année vers le sommet des vieilles collines
où les glaciers en pique-nique ont éparpillé
les débris des siècles
                des jours à vous éreinter
                au soleil et à la pluie
alors que l'évidence pénètre lentement l'esprit
accompagnée ni de grandeur ni d'illusion en
                une noble lutte
que vous êtes un fou —

Un pays de quiétude aux espaces paisibles
un sol maigre
                pas gras comme celui du sud
noir, épais de plusieurs pouces sur le
                ventre rond de la terre —

And where the farms are
                it's as if a man stuck
both thumbs in the stony earth and pulled

                                  it apart
                                  to make room
enough between the trees
for a wife
                and maybe some cows and
                room for some
of the more easily kept illusions —
And where the farms have gone back
to forest
                are only soft outlines
                shadowy differences —

Old fences drift vaguely among the trees
                a pile of moss-covered stones —
gathered for some ghost purpose
has lost meaning under the meaningless sky
                — they are like cities under water
and the undulating green waves of time
                are laid on them —

This is the country of our defeat
                and yet
during the fall plowing a man
might stop and stand in a brown valley of the furrows
                and shade his eyes to watch for the same
                red patch mixed with gold
                that appears on the same
                spot in the hills

Et où sont les fermes
                c'est comme si un homme avait planté
ses deux pouces dans la croûte rocheuse et l'avait

                            ouverte
                            s'y faisant une place
assez grande entre les arbres
pour une femme
                et peut-être quelques vaches et
                un peu de place aussi
pour quelques-unes des illusions les plus tenaces —
Et là où les fermes ont été reprises
par la forêt
                il n'y a que de doux contours
                de ténues différences d'ombres —


De vieilles clôtures paraissent à la dérive parmi les arbres
                un tas de pierres moussues —
amassées pour quelque insaisissable projet
a perdu toute signification sous un ciel dépourvu de sens
                — ces choses sont comme des villes sous l'eau
et ondulante la houle verte du temps
                s'étend sur elles —


C'est ici le pays de notre défaite
                et pourtant
pendant le labourage d'automne on peut voir un homme
s'arrêter, se tenir droit au milieu d'une vallée brune de sillons
                et porter la main en visière à ses yeux pour
                reconnaître la même tache de rouge mêlé d'or
                qui apparaît au même endroit
                parmi les collines

                year after year
                and grow old
plowing and plowing a ten-acre field until
the convolutions run parallel with his own brain —

And this is a country where the young
                        leave quickly
unwilling to know what their fathers know
or think the words their mothers do not say —

Herschel Monteagle and Faraday
lakeland rockland and hill country
a little adjacent to where the cities are and
sometime
we may go back there
                              to the country of our defeat
Wollaston Elzevir and Dungannon
and Weslemkoon lake land
where the high townships of Cashel
                McClure and Marmora once were —
But it's been a long time since
and we must enquire the way
        of strangers —

                    d'année en année
                    et vieillir ainsi
labourant et relabourant son champ de dix arpents jusqu'à ce que
les circonvolutions du champ épousent celles de sa propre cervelle —

C'est aussi le pays que les jeunes
                    quittent tôt
sans l'envie de savoir ce que leurs pères savent
ou de penser les mots que leurs mères ne disent pas —

Herschel Monteagle et Faraday
terres de lacs terres de roche et pays de collines pas trop éloignés
de là où est le monde un peu au nord de là où sont les villes et
un jour qui sait
    nous pourrons y retourner
                        à ce pays de notre défaite
Wollaston Elzevir et Dungannon
et le lac Weslemkoon au milieu de ses terres
où étaient jadis les hauts cantons de Cashel
                    McClure et Marmora —
Mais que de temps s'est écoulé depuis
et il faut se renseigner sur la route à suivre
            auprès d'étrangers —

                *Traduit par Léo A. Brodeur*

# B. Glen Rotchin

## THE LOT

*(March 25, 1994 - Upon hearing the verdict in the retrial of MUC Constable Alan Gosset in the accidental shooting death of Anthony Griffin)*

There was the parking lot
outside the station.
There was the officer.
Not too far away his partner.
A little farther away
there was the black boy.
A triad. A triangle.
A Bermuda Triangle.
The officer shouted "Stop or I'll Shoot!"
And there was the gun.
A regulation
.38 Magnum
staring the boy down
frozen in mid-stride
like a camera mid-frame
wanting desperately to continue on.

Some say it was race
that motivated the firing.
It may have been race.
The boy was stopped
turned to the barrel's dim eye.
It was race.

# B. Glen Rotchin

## Le parking

*(Le 25 mars 1994 — Après avoir entendu le verdict à l'issue du second procès du policier Allan Gosset de la Communauté urbaine de Montréal, accusé d'avoir abattu accidentellement Anthony Griffin.)*

Il y avait le parking
jouxtant le poste de police.
Il y avait l'agent.
Pas très loin de là son coéquipier.
Un peu plus loin
il y avait le jeune noir.
Une triade. Un triangle.
Un triangle des Bermudes.
L'agent a crié : « Arrête-toi ou je tire ! »
Et il y avait le revolver.
Un .38 Magnum
réglementaire
pointé vers le bas sur le garçon
figé à mi-course
comme une caméra à mi-cadre
cherchant désespérément à avancer.

D'aucuns affirment que c'est le racisme
qui est à l'origine de la fusillade.
C'est peut-être le racisme.
Le garçon a été arrêté dans sa course
il s'est tourné vers l'œil sombre du canon.
C'était le racisme.

It was the opposite of a starter's pistol.
On Your Mark
Get Set
Stop!
It was a stopper's pistol.
The officer had made his decision
in a split
second.
The gun was the arbiter
of that decision.
The decision was made.
The crack of firing testified to that.
But the officer said he didn't want to make that decision.
It was all a mistake.
The bullet left the chamber with impunity.
It intersected the triangle of distances between them,
dissected the plane in a straight line
entered the boy's heart
and exploded.
It was brutal geometry.
The decision was calibrated.
Final.

I wonder if the boy heard
the smack of judgment
before the bullet tore into his body
and sealed his fate.
Gravity
pulled his legs, his arms, his shoulders, his head
down.
His flesh collapsed
like a tent.
Air left his lungs in a rush — cold breeze.

C'était tout le contraire d'un pistolet de départ.
À vos marques
Prêts
Arrêtez !
C'était un pistolet d'arrêt.
L'agent a pris la décision
en une fraction
de seconde.
Le pistolet a été l'arbitre
de cette décision.
La décision a été arrêtée.
Le coup de feu en a témoigné.
Mais l'agent a dit qu'il n'avait pas voulu prendre cette décision.
Toute l'histoire est une aberration.
La balle a quitté le barillet impunément.
Elle a découpé l'espace triangulaire entre eux,
disséqué le plan en droite ligne
pénétré le cœur du garçon
et explosé.
C'est de la géométrie brutale.
La décision était calculée.
Finale.

Je me demande si le garçon a entendu
le fracas du jugement
avant que la balle ne déchire son corps
et scelle son destin.
La gravité
a tiré ses jambes, ses bras, ses épaules, sa tête
vers le bas.
Sa chair s'est écroulée
comme une tente.
L'air a quitté ses poumons précipitamment — brise glacée.

There was silence. Then movement.
Like the scattering of audience
after the denouement
thunderclap of applause
curtain drawn
flooding for the exits
blood flowed freely out
across the pavement
streamed into a sewer hole:
He was fleeing the scene
the only way he could.

A ballistics expert said
under oath
the trigger mechanism
had been
faulty that day.
It was
too sensitive.
The boy was killed by
over-sensitivity.

The pistol had done its job
with mindnumbing accuracy.
The officer didn't want it to happen,
hadn't wanted to make the decision.
The decision was made.
There was race. A triangle
without a point.

Il y eut le silence. Puis du mouvement.
Comme la dispersion de l'auditoire
après le dénouement
le tonnerre d'applaudissements
la chute du rideau
la course vers les sorties
le sang qui s'écoule librement
sur la chaussée
ruisselant dans une bouche d'égout :
Il fuyait la scène
de la seule manière qu'il pouvait.

Un expert en balistique a témoigné
sous serment
que le mécanisme de l'arme
s'était enrayé
ce jour-là.
Il était
trop sensible.
Le garçon a été tué par
une trop grande sensibilité.

Le pistolet avait accompli son travail
avec une rigueur aberrante.
Le policier ne désirait pas que cela se produise,
n'avait pas voulu prendre la décision.
La décision a été prise.
Il y avait une question raciale. Un triangle
sans point.

*Traduit par Pierre DesRuisseaux*

# Armand Garnet Ruffo

## Poem For Duncan Campbell Scott

*(Canadian poet who "had a long and distinguished career in the Department of Indian Affairs, retiring in 1932." The Penguin Book of Canadian Verse)*

Who is this black coat and tie?
Christian severity etched in the lines
he draws from his mouth. Clearly a noble man
who believes in work and mission. See
how he rises from the red velvet chair,
rises out of the boat with the two Union Jacks
fluttering like birds of prey
and makes his way towards our tents.
This man looks as if he could walk on water
and for our benefit probably would,
if he could.

He says he comes from Ottawa way, Odawa country,
comes to talk treaty and annuity and destiny,
to make the inevitable less painful,
bearing gifts that must be had.
Notice how he speaks aloud and forthright:
    This or Nothing.
    Beware! Without title to the land
    under the Crown you have no legal right
    to be here.

# Armand Garnet Ruffo

## Poème à Duncan Campbell Scott

*(Poète canadien qui « a pris sa retraite en 1932, après une longue et brillante carrière au sein du ministère des Affaires indiennes. »* The Penguin Book of Canadian Verse*)*

Qui porte ce manteau noir et cette cravate sombre ?
La sévérité chrétienne gravée dans les plis
distinctifs de sa bouche. Manifestement un grand homme
croyant aux vertus du travail et du devoir. Voyez
comme il se lève de la chaise de velours rouge,
descend du bateau où les deux drapeaux Union Jack
battent des ailes comme des oiseaux de proie,
et se dirige vers nos tentes.
Cet homme ressemble à quelqu'un qui pourrait marcher sur les eaux
et le ferait pour notre bénéfice,
s'il lui était donné de le faire.

Il dit qu'il est venu par le chemin d'Ottawa, dans la région d'Odawa,
il vient discuter de traités, de rentes et de destin,
pour rendre l'inévitable moins pénible,
apportant des cadeaux qui ne peuvent être refusés.
Voyez comme il parle haut et sans détour :
    Ceci ou rien.
    Prenez garde ! Sans titre de propriété
    sous la Couronne vous n'avez aucun droit légal
    d'occuper cette terre.

Speaks as though what has been long decided wasn't.
As though he wasn't merely carrying out his duty
to God and King. But sincerely felt.

Some whisper this man lives in a house of many rooms,
has a cook and a maid and even a gardener
to cut his grass and water his flowers.
Some don't care, they don't like the look of him.
They say he asks many questions but
doesn't wait to listen. Asks
much about yesterday, little about today
and acts as if he knows tomorrow.
Others don't like the way he's always busy writing
stuff in the notebook he carries. Him,
he calls it poetry
and says it will make us who are doomed
live forever.

Il parle comme si ce qui a été décidé depuis longtemps ne l'avait
                    pas été.
Comme s'il n'accomplissait pas simplement son devoir
envers Dieu et le Roi. Mais qu'il croyait sincèrement à sa mission.

D'aucuns murmurent que cet homme habite une demeure de
                    plusieurs pièces,
qu'il a un cuisinier, une bonne et même un jardinier
pour couper son gazon et arroser ses fleurs.
Certains n'en ont cure, il a une tête qui ne leur revient pas.
Ils disent qu'il pose beaucoup de questions mais
qu'il ne prend pas le temps d'écouter. Il interroge
beaucoup sur le passé, peu sur le présent
et fait comme s'il connaissait l'avenir.
D'autres n'aiment pas le voir toujours griffonner
dans un cahier de notes qu'il porte sur lui. Lui,
il appelle cela de la poésie
et affirme à nous qui sommes condamnés
qu'elle nous fera vivre éternellement.

*Traduit par Pierre DesRuisseaux*

# Miriam Waddington

## Why Should I Care about the World

Gone is
the holiness
in where I
lived, my song.

Why should I care
what happens to
the world why
should I
broodingly
seek the cell of
holiness the
habit in where
I lived, my song?

(Your song
was only a few
ragged Scotsmen
in Kildonan, some
riff-raffy settlers,
half-breeds, Indians,
Galician labourers,
scraggly-ended
pee-smelling prairie
towns)

(it was a flat
stony mound
for a mountain

# Miriam Waddington

## Pourquoi m'inquiéter du monde

Finie
la plénitude
où je
vivais, ma chanson.

Pourquoi m'inquiéter
de ce qui arrive
au monde pourquoi
devrais-je, troublée,
chercher la bulle
de plénitude,
l'habitude où
je vivais, ma chanson ?

(Ta chanson,
ce n'était qu'une bande
d'Écossais en guenilles
à Kildonan, minables colons,
demi-sang, Indiens,
laboureurs galiciens,
villages faméliques des prairies
à l'odeur de pisse)

(c'était une butte
rocheuse et plate
pour une montagne
une folle crête
de pin sur une île

a silly tuft
of pine on
an island in
Lac du Bonnet,
berry-picking in a
buffalo summer
beside a wheat ocean
and jumping the
ditches brimming
with rain.)

Gone now; all
cracked open like
eggs at Easter
parted like three
feathers in a
bird's tail of wind.

And I can't even
go back to being
*dirty Jew*, to
hearing from the
conductor on the
Selkirk streetcar:
*your father is
a Bolshevik isn't
he little girl?*

This is a very
far very long
way to be away
from the holiness
in where I lived
my song.

au lac du Bonnet,
cueillir des baies dans
un été de bison
près de l'océan de blé
et sauter les fossés
débordant de pluie.)

Finie maintenant ; tout
se fissure comme
les œufs de Pâques
divisée comme trois
plumes dans
une queue d'oiseau de vent.

Et je ne peux même pas
redevenir
*une sale Juive,*
entendre le conducteur
du tramway dire :
*Votre père est bolchévique,*
*N'est-ce pas, petite fille ?*

C'est un parcours
long et ardu
que d'avoir quitté la plénitude
où je vivais
ma chanson.

*Traduit par Christiane Melançon*

# Jim Wong-Chu

## FOURTH UNCLE

we met in victoria

we talked and discovered
our similar origins

you a village relative
while I a young boy
sitting quietly on the other side
of the coffee table
cups between us

we are together
for the moment
but I feel far from you

you said
you travelled and worked
up and down this land
and now you have returned
to die

to be buried
beside the others
in the old chinese cemetery
by the harbour
facing the open sea
facing home

# Jim Wong-Chu

## Le quatrième oncle

nous nous sommes rencontrés à victoria

nous avons discuté et nous sommes découverts
des origines communes

toi un parent du village
et moi un jeune garçon
assis tranquillement à l'autre bout
de la table basse
avec des tasses entre nous

nous sommes ensemble
pour l'instant
mais je me sens loin de toi

tu as dit
avoir voyagé et travaillé
d'un bout à l'autre de ce pays
et maintenant tu es revenu
pour mourir

pour être enterré
près des autres
dans le vieux cimetière chinois
près du port
faisant face à la mer
face à chez toi

at the end of my life
will I too have walked a full circle

and arrive like you
an old elephant
to his grave?

à l'issue de ma vie
aurai-je aussi fait un tour complet

pour aboutir comme toi
vieil éléphant
à son tombeau ?

*Traduit par Pierre DesRuisseaux*

# Paul Yee

## Last Words II

Forget us
if you must.

But if you must
remember us.

We were young men.

Broad of shoulder
and supple as bamboo.
We lived early mornings
stretched and rippled
in the hazy fields
laid tracks to the horizon.
At break of work
we cooked rice
and ate as brothers.
There were our women,
they waited at home.
We waited,
but only the bosses came
the canneries came
the mines died
and cooks started up.

We could send
letters home.

# Paul Yee

## Derniers mots II

Oubliez-nous
si vous le devez.

Mais si vous le devez
souvenez-vous de nous.

Nous étions de jeunes hommes.

Épaules larges
et souples comme du bambou.
Nous traversions le matin tôt
nous étirant et ondulant
dans les champs brumeux
posant des voies à l'horizon.
À la fin du travail
nous cuisions le riz
et mangions comme des frères.
Il y avait nos femmes,
elles attendaient à la maison.
Nous avons attendu,
mais seuls les patrons sont venus
les conserveries sont arrivées
les mines ont disparu
et les cuisiniers sont apparus.

Nous pouvions envoyer
des lettres à la maison.

*Traduit par Pierre DesRuisseaux*

# Ian Young

## FOR CONSTANTINE CAVAFY

Reading your book
I see you now
again in your Alexandria,
leaning
toward the window of a shop
where the light
catches the dust and touches
the features of a young man within. Watching,
you catch sight of your reflection
mottled in the glass,
and move away,
last words of a poem
rising to your mind:
    "Later, in a happier time,
    a man just like me
    will appear, and act freely."
Sometimes,
remembering my silences,
my lost moments,
the line of burnt-out candles,
I despair with you, Cavafy.
And then, sometimes,
I think: this is that happy time;
I am the man.

# Ian Young

## À Constantin Cavafy

En lisant ton livre
je te vois aujourd'hui
de nouveau dans ton Alexandrie,
penché
à la fenêtre d'un atelier
où la lumière
happe la poussière et délimite
les traits d'un jeune homme à l'intérieur.  En regardant,
tu vois apparaître ton reflet
brouillé dans la vitre,
et tu recules,
les derniers mots d'un poème
te venant à l'esprit :
> « Plus tard, en des temps plus heureux,
> un homme tout comme moi
> apparaîtra, et agira en toute liberté. »

Parfois,
me remémorant mes silences,
mes instants perdus,
la rangée de chandelles éteintes,
je désespère avec toi, Cavafy.
Et puis, parfois,
je me dis : voici venus ces temps heureux ;
je suis cet homme.

*Traduit par Pierre DesRuisseaux*

# Notes sur les poèmes

## Brun, Christian
Compost

* **Léonard Forest**
  Pionnier du cinéma en Acadie.
* **Chiac**
  Variété régionale du français acadien, fortement influencée par l'anglais et le vieux français.
* **Badjeulage**
  Expression acadienne qui se veut une affirmation de son mécontentement envers quelqu'un ou quelque chose. Variante : badgeulage, badgueulage.

Compost

* **Léonard Forest**
  Léonard Forest is a pioneer of Acadian cinema.
* **Chiac**
  Chiac is a regional Acadian-French dialect that has strong roots in English and Old French.
* **Badjeulage**
  An Acadian expression of displeasure toward someone or something; badjeulage (also badgeulage, badgueulage) translates literally to "bad-mouthing."

## D'Alfonso, Antonio
Montréal

* **Claude Gauvreau**
  Poète, dramaturge et polémiste né à Montréal en 1925 et mort en 1971.

Montreal

* **Claude Gauvreau**
  Born in Montreal in 1925, Claude Gauvreau was a poet, playright, and controversialist. He died in 1971.

## Desbiens, Patrice
La chérie canadienne

* **Woolworth**
  Grande chaîne de magasins populaires.
* **Hank Williams**
  Originaire de l'Alabama, Hiriam (« Hank ») Williams est l'un des artistes les plus importants de la musique country américaine. Né en 1923, il s'est éteint en 1953.

Canadian Sweetheart

* **Woolworth**
  Woolworth was a popular department-store chain.
* **Hank Williams**
  Born in Alabama in 1923, Hiriam (Hank) Williams is one of America's most celebrated country music musicians. He died in 1953.

## Étienne, Gérard
Il neige dehors...

* **Dragons du Chef**
  Allusion faite aux *tontons macoutes*, membres du groupe paramilitaire chargé de protéger le président François Duvalier et qui suscitait la terreur chez les Haïtiens.

- * **Jacques-Stephen Alexis**
  Médecin, romancier, homme politique, né aux Gonaïves en 1922. Il est capturé, torturé et assassiné en avril 1961.
- * **Saints du Général**
  Autre allusion faite aux *tontons macoutes*.

It's snowing out...

- * **Chief's dragoons (fr. Dragons du Chef)**
  Here, Gérard alludes to the *tontons macoutes*, members of a paramilitary group that ensured the protection of president François Duvalier and invoked great fear among Haitian citizens.
- * **Jacques-Stephen Alexis**
  Doctor, novelist, politician, Jacques-Stephen Alexis was born in Gonaïves in 1922. In April 1961, he was captured, tortured, and assassinated.
- * **Saints du Général**
  Gérard is again alluding to the *tontons macoutes*.

# GHALEM, NADIA
À l'amitié

- * **Bonheurs d'occasion**
  Allusion au roman *Bonheur d'occasion* qui fut publié par Gabrielle Roy en 1945 et qui marqua l'histoire de la littérature canadienne.
- * **Filles du roy**
  Jeunes filles envoyées en Nouvelle-France entre 1665 et 1670 dans le but d'épouser des colons et ainsi favoriser le peuplement de la nouvelle colonie.

To Friendship

- * **Tin Flute (fr. Bonheur d'occasion)**
  Written by Gabrielle Roy and first published in 1945, *Tin Flute* (trans. 1947) has become a landmark in the history of Canadian literature.

* **Filles du roy**

    The "filles du roy" were young girls sent to New France between 1665 and 1670 to marry colonists and ensure the settlement of the colony.

## Leblanc, Gérald
Éloge du chiac

* **Chiac**

    Variété régionale du français acadien, fortement influencée par l'anglais et le vieux français.
* **Memramcook**

    Village du Nouveau-Brunswick désigné sous l'appellation « Berceau de l'Acadie ».

Éloge du chiac

* **Chiac**

    Chiac is a regional Acadian-French dialect that has strong roots in English and Old French.
* **Memramcook**

    This village in New Brunswick is known as the "Berceau de l'Acadie."

## Ltaif, Nadine
[Sans titre]

* **Ishtar**

    Dans l'Antiquité, Ishtar était la déesse de l'amour et de la guerre qui veillait sur la ville de Ninive, autrefois située sur le Tigre.

[Untitled]

* **Ishtar**

    In ancient times, Ishtar was the Assyrian and Babylonian goddess of love and war.

## MICONE, MARCO
Speak what

* **La Romance du vin**
  Poème de neuf quatrains composé par Émile Nelligan en mai 1899, dans lequel ce dernier expose sa rage et sa douleur d'être un poète incompris et rejeté.
* **L'Homme rapaillé**
  Recueil de poèmes écrits par le poète québécois Gaston Miron, dont la première édition est publiée en 1970.
* **Montale**
  Eugenio Montale est un poète et critique italien né en 1896. Nobel de littérature en 1975, il meurt à Milan en 1981.
* **Neruda**
  Né en 1904 à Parral, Pablo Neruda est l'un des plus grands poètes chiliens du XX$^e$ siècle. Nobel de littérature en 1971, il meurt à Santiago en 1973.
* **Noblet**
  Maurice Le Noblet Duplessis a été premier ministre du Québec de 1936 à 1939 et de 1944 jusqu'à sa mort, en 1959.
* **Molise**
  Région du sud de l'Italie qui comprend les provinces de Campobasso et d'Isernia.

Speak what

* **La Romance du vin**
  This poem, comprised of nine quatrains and written by Émile Nelligan in May of 1899, expresses the poet's rage and melancholy in response to rejection.
* **L'Homme rapaillé**
  L'Homme rapaillé is a collection of poems by Gaston Miron; its first edition appeared in 1970.

* **Montale**
  Eugenio Montale was an Italian poet and critic born in 1896. He received the Nobel Prize for Literature in 1975, and died in Milan in 1981.
* **Neruda**
  Born in Parral in 1904, Pablo Neruda is one of Chile's most renowned twentieth-century poets. He received the Nobel Prize for Literature in 1971, and died in Santiago in 1973.
* **Noblet**
  Maurice Le Noblet Duplessis was the Prime minister of Quebec from 1936 to 1939, and from 1944 until his death in 1959.
* **Molise**
  Molise is located in the southern region of Italy and is comprised of Campobasso and Isernia provinces.

## NEPVEU, PIERRE
Le fantôme d'Anthony Griffin à Côte-des-Neiges

* **Anthony Griffin**
  Jeune Montréalais d'origine jamaïcaine tué à 19 ans, le 11 novembre 1987, d'une balle dans la tête par un policier de la Communauté urbaine de Montréal.
* **Gloria Augustus**
  Mère d'Anthony Griffin.
* **Jamaica Farewell**
  Chanson enregistrée par Harry Bellafonte en 1956, dont les paroles et la musique furent composées par Lord Burgess.
* **Montego**
  Allusion à la ville de Montego Bay, station balnéaire située sur la côte nord-ouest de la Jamaïque.

The Ghost of Anthony Griffin in Côte-des-Neiges
* **Anthony Griffin**
    A young Montreal man of Jamaican background, Anthony Griffin was shot and killed by an officer of the Montreal Urban Community on November 11, 1987. He was 19 years old at the time.
* **Gloria Augustus**
    Gloria Augustus is the mother of the late Anthony Griffin.
* **Jamaica Farewell**
    This song was recorded by Harry Bellafonte in 1956; its lyrics and music were composed by Lord Burgess.
* **Montego**
    Nepveu alludes to Montego Bay, a resort on the north-west coast of Jamaica.

---

## CHARRON, JOSÉE-ANNE
If the yankees let one rip

* **Inniuiak**
    Terme montagnais qui signifie « homme de la terre ».

If the yankees let one rip

* **Inniuiak**
    Montagnais term meaning "man of the earth."

# Notes on Poems

## Akiwenzie-Damm, Kateri
Poem without end #3

* Nanabush is a trickster figure and hero in Aboriginal mythology.

Poème sans fin n° 3

* Nanabush, personnage fourbe et hypocrite, est un héros de la mythologie autochtone.

## Dabydeen, Cyril
For Columbus

* Hernando Cortez (also Cortés) was born in Spain in 1485 and died there in 1547. He led the attack that conquered Mexico in the early 1500s.
* Montezuma (also known as Montezuma II) was the last Aztec Emperor in Mexico. He ruled from 1502 to 1520 when he was overthrown by Cortez.
* When Montezuma met Cortez and his troops, he thought they were descendants of Quetzalcoatl, the Aztec god-king. As a result, Montezuma showered Cortez with gifts of silver and gold.
* Francisco Pizarro was a Spanish explorer who conquered Peru in 1533. He was killed in Lima, Peru, in 1541 by followers of Pedro de Almagro (Cortez's captain) who sought Lima's treasures.

- * The Incas were natives of Peru who had settled the territory from Ecuador to Chile before the Spanish Conquest.
- * Robinson Crusoe is the hero of Daniel Defoe's *The Life and Strange Surprising Adventures of Robinson Crusoe, of York, Mariner* (1719).
- * "Man Friday" is the name Crusoe gives to the young native man who becomes his faithful companion and servant.
- * El Dorado is a place of great wealth and opportunity.

## À Colomb

- * Hernando Cortez (ou Cortés) naquit en Espagne en 1485 et y mourut en 1547. Au début du XVI$^e$ siècle, il était à la tête des troupes qui ont conquis le Mexique.
- * Montezuma (ou Montezuma II) fut le dernier empereur aztèque du Mexique. Il régna de 1502 à 1520 jusqu'à la conquête de Cortez.
- * Lorsque Montezuma fit la rencontre de Cortez et de ses troupes, il les prit pour les descendants de Quetzalcoatl, le dieu-roi aztèque. Par conséquent, il couvrit Cortez de cadeaux d'or et d'argent.
- * Francisco Pizarro était un explorateur espagnol qui conquit le Pérou en 1533. Il fut tué à Lima, au Pérou, en 1541 par les partisans de Pedro de Almagro (capitaine au service de Cortez) qui étaient à la recherche des trésors de la ville de Lima.
- * Les Incas étaient natifs du Pérou et habitaient, avant la Conquête espagnole, de vastes territoires qui s'étendaient de l'Équateur au Chili.
- * Robinson Crusoé est le héros du récit de Daniel Defoe *La vie et les aventures étranges et surprenantes de Robinson Crusoé, marin natif de York* (1719).
- * Vendredi est le nom que Robinson donne à un jeune indigène qui devient son fidèle compagnon et serviteur.
- * L'Eldorado est un lieu mythique censé regorger de richesses.

## Di Michele, Mary
Enigmatico

* Abruzzo is a region in central Italy.
* *Carnevale* is a traditional festival in Italy that includes parades, pageants, music, puppet shows, jugglers, acrobats, and mime acts.

Enigmatico

* Les Abruzzes sont une région du centre de l'Italie.
* Le *Carnavale* est une fête traditionnelle en Italie durant laquelle se déroulent des défilés, des spectacles de musique et de marionnettes, des prestations de jongleurs, d'acrobates, de mimes et de personnages costumés.

## Fiamengo, Marya
In Praise of Old Women

* Tadeusz Rozewicz is an influential Polish poet, playwright, and novelist who was born in 1921.
* *Stara Babas* are older women who wear modest traditional clothing, such as long-sleeved blouses and long skirts. *Pekna Babas,* on the other hand, are younger women who wear modern styles, including short skirts and high heels.
* In the late 1300s, the Serbian Empire was defeated by the Turks in the Battle of Kosovo.
* The Battle of Neretva took place in 1943 during the Second World War when Yugoslav partisans strove to defend their land against German and Italian occupying forces.
* The Battle of Thermopylae saw the Greeks lose to the Persians in approximately 480 B.C.E.
* *Hagia Sophia* (also known as Saint Sophia) is a basilica in Turkey that was first erected by Emperor Constantine I in 325

C.E. The church is dedicated to Sophia, which means "Holy Wisdom."

## Hommage aux vieilles femmes

* Tadeusz Rozewicz est un poète polonais influent, auteur dramatique et romancier, né en 1921.
* Les *Stara Babas* sont des femmes d'âge mûr qui portent des vêtements modestes traditionnels, des blouses à manches longues et de longues jupes, tandis que les *Pekna Babas* sont de jeunes femmes qui adoptent le style plus moderne des jupes courtes et des talons hauts.
* Vers la fin du XIV$^e$ siècle, l'Empire serbe fut vaincu par les Turcs à la bataille du Kosovo.
* En 1943, pendant la Seconde Guerre mondiale, des partisans yougoslaves qui cherchaient à défendre leurs terres contre les forces armées occupantes allemandes et italiennes participèrent à la bataille de Neretva.
* Autour de 480 av. J.-C, les Grecs perdirent la bataille des Thermopyles aux mains des Perses.
* La basilique Sainte-Sophie fut érigée en Turquie par l'empereur Constantin I$^{er}$ en 325 et fut consacrée à la sagesse divine (en grec : *Hagia Sophia*).

# GASPARINI, LEN
## Il Sangue

* *O Sole Mio* was written by Giovanni Capurro (1859-1920) and set to music by Eduardo Di Capua (1864-1917).

## Il Sangue

* *O Sole Mio* est une chanson écrite par Giovanni Capurro (1859-1920) et mise en musique par Eduardo Di Capua (1864-1917).

## Klein, A. M.
Montreal

- * *Coureurs des bois* were French or Métis men who were generally employed by the Hudson's Bay Company or the North West Company as fur traders, trappers, or explorers.
- * Ecossic is derived from the French word "écossais," which means "Scottish."
- * Hochelaga was an Iroquois village located on the island of Montreal.

Montréal

- * On appelait *coureurs des bois* les Français ou les Métis engagés par la Compagnie de la baie d'Hudson ou par la Compagnie du Nord-Ouest pour effectuer la trappe et la traite des fourrures ou pour être explorateurs.
- * *Ecossic* est un mot dérivé du mot français « écossais » et désigne une personne de nationalité écossaise.
- * Hochelaga était un village iroquois situé sur l'île de Montréal.

## Layton, Irving
To the Victims of the Holocaust

- * A polyhistor is someone with very broad knowledge.

Aux victimes de l'Holocauste

- * Un polyhistor désigne quelqu'un qui possède une vaste connaissance.

## Marlatt, Daphne
Kore

- * Kore represents the maiden daughter.
- * *Amba* is a reference to mother. The Maha Amba is the Great Mother.
- * In Greek mythology, Demeter was the earth mother, goddess of the harvest.

- * *Dhei* means "to suckle."
- * *Yu!* is a joyful outcry.

## Korê

- * Korê symbolise la fille non mariée.
- * *Amba* fait référence à la mère, la *Maha Amba*, à la grande mère.
- * Dans la mythologie grecque, Déméter était la mère de la terre et la déesse de la moisson.
- * *Dhei* signifie « téter ».
- * *Yu!* est un cri de joie.

## MAZZA, ANTONINO
Canadese

- * *Canadese* means "Canadian" in Italian.

## Canadese

- * *Canadese* signifie « Canadien » en italien.

## PARAMESWARAN, UMA
Chander I

- * The "Katy" books were written by the American writer Sarah Chauncey Woolsey (1835-1905), who used the pen name Susan Coolidge for her many children's stories and novels. *What Katy Did* is part of a popular five-volume series that Woolsey published between 1873 and 1891.
- * Enid Blyton (1897-1968) was a British writer of children's novels. Her series *The Famous Five* was popular in the 1940s.
- * *Deepavali* is the Festival of Lights celebrated by Hindus in India every fall (October-November).

## Chander I

- * Les histoires de *Katy* ont été écrites par l'écrivaine américaine Sarah Chauncey Woolsey (1835-1905) qui signa, de son nom de

* plume Susan Coolidge, bon nombre d'histoires et de romans jeunesse. *What Katy did* fait partie d'une série populaire de cinq volumes publiés par Woolsey entre 1873 et 1891.
* Enid Blyton (1897-1968) est une auteure britannique qui a écrit pour la jeunesse. Sa série *Le Club des cinq* a été populaire dans les années 40.
* *Deepavali*, ou fête des lumières, est célébré en Inde tous les automnes (d'octobre à novembre).

## WADDINGTON, MIRIAM
Why Should I Care about the World?

* Kildonan was a town in Manitoba that is now part of Winnipeg.
* Lac du Bonnet is a town north-east of Winnipeg.

Pourquoi m'inquiéter du monde ?

* Kildonan était une petite ville du Manitoba qui fait maintenant partie de Winnipeg.
* Lac du Bonnet est une petite ville du Manitoba située au nord-est de Winnipeg.

## YOUNG, IAN
For Constantine Cavafy

* Constantine Cavafy (1863-1933) was a major Greek poet.

À Constantin Cavafy

* Constantin Cavafy (1863-1933) était un grand poète grec.

# Notices biographiques – Poètes

# Biographical Notes – Poets

## Acorn, Milton

Born in Charlottetown, Prince Edward Island in 1923, Milton Acorn served in World War II, then worked as a carpenter for a number of years. Devoting himself mainly to literary work, he lived in Montreal, Toronto, and then Vancouver before returning to P.E.I. in 1981. For his first major collection, *I've Tasted My Blood* (1969), he received the Canadian Poetry Award from his fellow poets who named him "The People's Poet," a title he proudly carried until his death in 1986. A retrospective volume, *Dig Up My Heart: Selected Poems 1952-83*, appeared in 1983.

Milton Acorn est né à Charlottetown à l'Île-du-Prince-Édouard en 1923. À son retour de la Deuxième Guerre mondiale, il a travaillé quelques années comme menuisier. Il s'est par la suite consacré à la littérature. Il a vécu à Montréal, à Toronto et à Vancouver avant de retourner, en 1981, à l'Île-du-Prince-Édouard. Son recueil, *I've Tasted My Blood* (1969), lui a valu le Canadian Poetry Award qui lui a été remis par ses pairs, lesquels l'ont surnommé le « poète du peuple », titre qu'il a arboré fièrement jusqu'à son décès en 1986. *Dig Up My Heart: Selected Poems 1952-83*, paru en 1983, résume l'essentiel de son œuvre.

## Acquelin, José

José Acquelin est né à Montréal en 1956. Écrivain engagé, il a travaillé à faire connaître la poésie en prenant régulièrement part à des lectures publiques, de même qu'à divers événements littéraires et musicaux tant au Canada qu'à l'étranger. Sa participation au collectif *Jaune Rouge Bleu* lui a valu, en 2000, le Grand Prix des métiers d'art du Québec. La même année, José Acquelin a été invité en résidence par la Casa del Escritor du Mexique.

José Acquelin was born in Montreal in 1956. An active writer, he has given many public readings and also regularly participates in literary and musical performances both in Canada and abroad. For *Jaune Rouge Bleu*, he won Québec's Grand Prix des métiers d'art in 2000. That same year, he was invited to serve as writer-in-residence at the Casa del Escritor in Mexico.

## AKIWENZIE-DAMM, KATERI

Born in 1965 in Toronto, Akiwenzie-Damm is a member of the Chippewas of Nawash First Nation, and has lived and worked on the Cape Croker Reserve in Ontario since 1994. She has served as vice-president of the Aboriginal Youth Council of Canada, and is managing editor of Kegedonce Press, which she founded in 1993. Author of *My Heart is a Stray Bullet* (1993), she has also co-edited two anthologies entitled *Skins: Contemporary Indigenous Writing* (2000) and *Without Reservation: Indigenous Erotica* (2003).

Akiwenzie-Damm est née à Toronto en 1965. Membre de la tribu des Chippewa de la Première Nation Nawash, elle vit et travaille à la réserve du Cap Croker en Ontario depuis 1994. Tout d'abord vice-présidente du Conseil des jeunes autochtones du Canada, elle dirige la maison d'édition Kegedonce Press, qu'elle a fondée en 1993. Auteure de *My Heart is a Stray Bullet* (1993), elle a également codirigé deux anthologies intitulées *Skins: Contemporary Indigenous Writing* (2000) et *Without Reservation: Indigenous Erotica* (2003).

## ALONZO, ANNE-MARIE

Anne-Marie Alonzo est née en 1951 à Alexandrie en Égypte. Dramaturge, romancière et poète, elle est arrivée au Québec en 1963. Lauréate du Prix Émile-Nelligan en 1985 pour *Bleus de mine*, elle a également obtenu, en 1992, le Grand Prix d'excellence artistique de Laval pour *Galia qu'elle nommait amour*. En 1994, la revue universitaire *Voix et Images* lui consacre son numéro d'hiver. Elle a été reçue membre de l'Ordre du Canada en novembre 1996 et, en avril 1997, elle a obtenu la médaille de bronze de la société Arts-Sciences-Lettres de Paris. Anne-Marie Alonzo s'est éteinte en juin 2005.

Anne-Marie Alonzo was born in Alexandria, Egypt in 1951. Playwright, novelist, and poet, she arrived in Quebec in 1963. She received the prix Émile-Nelligan in 1985 for *Lead Blues*, a translation of *Bleus de mine*, and, in 1992, the Grand Prix d'excellence artistique de Laval for *Galia qu'elle nommait amour*. In 1994, the magazine *Voix et Images* devoted its winter issue to her works. Made a member of the Order of Canada in1996, she was awarded the bronze medal from the société Arts-Sciences-Lettres in Paris in 1997. She died in 2005.

## ATWOOD, MARGARET

Margaret Atwood was born in Ottawa in 1939. Author of numerous collections of poetry including *The Circle Game* (1966), *Power Politics* (1971), *Two-headed Poems* (1978), and *Eating Fire: Selected Poems, 1965-1995* (1998), she is also an award-winning and internationally renowned novelist, short story writer, and literary critic. Her most recent works of fiction include *Alias Grace* (1996), *The Blind Assassin* (2000), *Oryx and Crake* (2003), and *The Penelopiad* (2005). Editor of the *New Oxford Book of Canadian Verse in English* (1982), she also co-edited two anthologies of Canadian short stories with Robert Weaver. She lives in Toronto.

Margaret Atwood est née à Ottawa en 1939. Nouvelliste et romancière de renommée internationale, elle a également signé de nombreux recueils de poésie dont *Le cercle vicieux*, traduction de *The Circle Game* (1967), *Politique de pouvoir*, traduction de *Power Politics* (1971), *Two-headed Poems* (1978) et *Eating Fire: Selected Poems 1965-1995* (1998). Parmi ses plus récents ouvrages de fiction, mentionnons *Captive*, traduction d'*Alias Grace* (1996), *Le tueur aveugle*, traduction de *The Blind Assassin* (2000), *Le dernier homme*, traduction de *Oryx and Crake* (2003) et *L'Odyssée de Pénélope*, traduction de *The Penelopiad* (2005). Elle a dirigé *The New Oxford Book of Canadian Verse in English* (1982) et codirigé, avec Robert Weaver, deux anthologies de nouvelles canadiennes. Margaret Atwood vit à Toronto où elle travaille comme critique littéraire.

## BERSIANIK, LOUKY

Louky Bersianik, pseudonyme de Lucille Durand, est née à Montréal en 1930. Romancière, poète et essayiste, elle a obtenu en 1966 le Prix de la Province pour *Togo apprenti-remorqueur*, un livre pour enfant. Elle a également rédigé les paroles du disque *Trace et contraste* de Richard Séguin, album qui a récolté le premier prix du disque de Spa (Belgique) en 1981. Louky Bersianik a entre autres publié *L'Euguélionne*, roman féministe québécois considéré depuis comme un classique et dont la traduction anglaise a remporté le Prix du Gouverneur général du Canada en 1997.

Louky Bersianik is the pen name of Lucille Durand who was born in Montreal in 1930. Novelist, poet, and essayist, she was awarded the prix de la Province in 1966 for one of her children's books, *Togo apprenti-remorqueur*. She also wrote the lyrics for Richard Séguin's album *Trace et contraste*, which won the first prix du Disque de Spa (Belgium) in 1981. An English rendition of her novel *L'Euguélionne*, *The Euguelionne: A Triptych Novel*, a Quebec feminist classic, received a Governor General's Award for translation in 1997.

## BOISVERT, NATHALIE

Dramaturge, Nathalie Boisvert est née au Québec en 1965. En 1997, sa pièce *L'histoire sordide de Conrad B* a été créée dans le cadre du Festival de théâtre de Spa. Auteure de renommée internationale, elle a eu l'honneur, en 2000, de voir une autre de ses œuvres, *La deuxième vie de*

*Raymond Blanchard*, présentée à la Semaine de la dramaturgie. Sa pièce *Vie et mort d'un village*, publiée en 2005, lui a mérité une place parmi les lauréats des Journées de Lyon des Auteurs de Théâtre (France).

Playwright Natalie Boisvert was born in Québec in 1965. She created *L'histoire sordide de Conrad B.*, which was performed at the Festival de théâtre de Spa in 1997. An internationally acclaimed author, she was honoured in 2000 to have her play *La deuxième vie de Raymond Blanchard* performed at the Semaine de la dramaturgie. *Vie et mort d'un village*, published in 2005, was among the prize winners at the Journées de Lyon des auteurs de théâtre in France.

## BOUCHER, DENISE

Poète et dramaturge, Denise Boucher est née à Victoriaville en 1935. Son long poème théâtral *Les Fées ont soif*, mis en scène en 1978, a créé un véritable scandale par son propos féministe et controversé. Auteure de plusieurs recueils de poésie, dont *Paris Polaroïd* (1990) et *Grandeur nature* (1993), Denise Boucher a également signé des chansons pour Gerry Boulet et Pauline Julien. En 2002, elle a remporté le Prix du poète accordé par vote populaire au Marché francophone de la poésie de Montréal.

Poet and playwright Denise Boucher was born in Victoriaville in 1935. Her long theatrical poem *The Fairies are Thirsty*, a translation of *Les Fées ont soif*, staged in 1978, was the subject of a huge controversy because of its feminist, polemical content. Author of several collections of poetry including *Paris Polaroïd* (1990) and *Grandeur nature* (1993), Denise Boucher also composed songs for Gerry Boulet and Pauline Julien. In 2002, she won the prix du Poète awarded by popular vote during the Marché francophone de la poésie in Montreal.

## BRUN, CHRISTIAN

Christian Brun est né à Moncton au Nouveau-Brunswick en 1970. Poète, il a signé trois recueils de poésie, parus aux Éditions Perce-Neige : *Tremplin*

(1996), *Hucher parmi les bombardes* (1998) et *Parade casaque* (2001). Son deuxième ouvrage lui a valu, en 1999, de se classer parmi les finalistes du prix Émile-Nelligan. Christian Brun est membre de l'Association acadienne des artistes professionnel.le.s du Nouveau-Brunswick et il travaille en développement international.

Christian Brun was born in Moncton, New Brunswick, in 1970. He has published three collections of poetry under the Éditions Perce-Neige imprint: *Tremplin* (1996), *Hucher parmi les bombardes* (1998), and *Parade casaque* (2001). His second collection was chosen as a finalist for the prix Émile-Nelligan in 1999. Christian Brun is a member of the Association acadienne des artistes professionnel.le.s du Nouveau-Brunswick and works in the field of international development.

## CHARRON, JOSÉE-ANNE

Born in Eastern Ontario, Josée-Anne Charron is a teacher in North Bay. Drawn to experiment in both official languages, she has performed her poetry at various venues, and is presently working on her first collection.

Originaire de l'est de l'Ontario, Josée-Anne Charron est enseignante à North Bay (Ontario). Appelée à expérimenter avec les deux langues officielles, elle a présenté sa poésie dans plusieurs clubs et cafés, et travaille actuellement à terminer son premier recueil de poèmes.

## CHIASSON, HERMÉNÉGILDE

Herménégilde Chiasson est né en 1946 à Saint-Simon, au Nouveau-Brunswick. Poète, cet artiste aux multiples talents est aussi peintre, dramaturge, graveur, cinéaste, réalisateur, graphiste, journaliste et professeur. Considéré comme l'un des fondateurs de la poésie acadienne moderne avec Raymond Guy LeBlanc et Guy Arsenault, il a remporté de nombreux prix pour ses ouvrages et ses œuvres cinématographiques, dont le Prix France-Acadie, le grade de Chevalier de l'Ordre français des Arts et des Lettres en 1990, l'Ordre des francophones d'Amérique en 1993, le Grand Prix de la francophonie canadienne en 1999 et, plus récemment, en 2003, le Prix quinquennal Antonine-Maillet-Acadie Vie. Herménégilde Chiasson est actuellement lieutenant-gouverneur du Nouveau-Brunswick.

Herménégilde Chiasson was born in 1946 in Saint-Simon, New Brunswick. Poet, this multi-talented artist is also painter, playwright, engraver, cinematographer, producer, graphic artist, journalist, and professor. Along with Raymond Guy LeBlanc and Guy Arsenault, Chiasson is considered one of the founders of modern Acadian poetry. He has received many awards for his work, including the prix France-Acadie, the Chevalier de l'Ordre français des Arts et Lettres in 1990, l'Ordre des francophones d'Amérique in 1993, the Grand Prix de la francophonie canadienne in 1999 and, most recently, the prix quinquennal Antonine-Maillet-Acadie Vie in 2003. He currently serves as Lieutenant-Governor of New Brunswick.

## CLARKE, GEORGE ELLIOT

George Elliott Clarke was born in 1960 in Windsor Plains, Nova Scotia. Clarke has served as a parliamentary aide, and is now a professor of English at the University of Toronto. Author of *Whylah Falls* (1990), *Execution Poems* (2001), *Illuminated Verse* (2005), and other collections, he has also edited two anthologies: *Fire on the Water: An Anthology of Black Nova Scotian Writing* (two vols., 1991, 1992), and *Eyeing the North Star: Directions in African-Canadian Literature* (1997).

George Elliot Clarke est né en 1960 à Windsor Plains, en Nouvelle-Écosse. Il a occupé le poste d'aide parlementaire puis est devenu professeur au Département d'anglais de l'Université de Toronto. Auteur de *Whylah Falls* (1990) et de *Execution Poems* (2001), il a également dirigé deux anthologies : *Fire on the Water: an Anthology of*

*Black Nova Scotian Writing* (deux vol./ : 1991 et 1992) et *Eyeing the North Star: Directions in African-Canadian Literature* (1997).

## COHEN, LEONARD

Leonard Cohen was born in Montreal in 1934. Internationally renowned for his lyrics, he has made many recordings, and has published two novels and ten collections of poetry, including *Let Us Compare Mythologies* (1956), *The Spice-Box of Earth* (1961), *The Favourite Game* (1963), *Flowers for Hitler* (1964), *The Energy of Slaves* (1972), *Stranger Music* (1993), a volume of selected poems and songs, and *Book of Longing* (2006). He lived in Greece for a number of years before returning to Montreal in the 1960s. Presently he makes his home in Los Angeles.

Leonard Cohen est né à Montréal en 1934. Il est un auteur-compositeur interprète de renommée internationale. Il a produit plusieurs enregistrements musicaux et publié deux romans et dix recueils de poésie dont *Let Us Compare Mythologies* (1956), *The Spice-Box of Earth* (1961), *The Favourite Game* (1963), *Flowers for Hitler* (1964), *L'énergie des esclaves*, traduction de *The Energy of Slaves* (1972), *Étrange musique étrangère*, une sélection poèmes et de chansons, traduction de *Stranger Music* (1993) et *Livre du constant désir*, traduction de *Book of Longing* (2006). Il a séjourné en Grèce quelques années avant de retourner à Montréal dans les années 60. Il habite actuellement à Los Angeles.

## COTNOIR, LOUISE

Louise Cotnoir est née à Sorel en 1948. Elle est à la fois poète, dramaturge et nouvelliste, et plusieurs de ses textes ont été traduits en anglais, en espagnol, en catalan, en suédois et en chinois. En 1993, son premier recueil de nouvelles *La Déconvenue* a fait l'objet d'une mention spéciale du jury au Grand Prix de la nouvelle au Salon du livre du Mans et d'une mise en nomination au 1$^{er}$ prix Desjardins

1994 et au prix Alfred-DesRochers 1993, tandis que *Dis-moi que j'imagine* a été mis en nomination au prix du Gouverneur général du Canada et au prix Alain-Grandbois de l'Académie des lettres du Québec.

Louise Cotnoir was born in Sorel in 1948. Poet, playwright, and short story writer, she has had her works translated into a number of languages, including English, Spanish, Catalan, Swedish, and Chinese. In 1993, her first collection of short stories *La Déconvenue* was given an honourable mention by the jury for the Grand Prix de la nouvelle at the Salon du livre du Mans and also earned a nomination for the 1$^{er}$ prix Desjardins 1994 and for the prix Alfred-DesRochers 1993. *Dis-moi que j'imagine* was on the shortlist for the Governor General's Award and the prix Alain-Grandbois de l'Académie des lettres du Québec.

## CRUSZ, RIENZI

Rienzi Crusz was born in 1925 in Sri Lanka and holds degrees from the University of Ceylon, the University of Toronto, and the University of Waterloo, where he worked as a reference librarian until his retirement in 1993. He has authored many bibliographical reference guides. His literary work includes *Singing Against the Wind* (1985), *Still Close to the Raven* (1989), *Beatitudes of Ice* (1995), *Insurgent Rain: Selected Poems* (1997), and *Gambolling with the Divine* (2003).

Rienzi Crusz est né au Sri Lanka en 1925. Il est diplômé des universités du Ceylan, de Toronto et de Waterloo, où il a occupé le poste de bibliothécaire de référence jusqu'à sa retraite en 1993. Il est l'auteur de plusieurs guides de références bibliographiques et d'œuvres littéraires dont *Singing against the Wind* (1985), *Still Close to the Raven* (1989), *Beatitudes of Ice* (1995), *Insurgent Rain: Selected Poems* (1997) et *Gambolling with the Divine* (2003).

## DABYDEEN, CYRIL

Born in Guyana in 1945, Cyril Dabydeen has lived in Canada since 1970. Author of many books of poetry, short stories, and fiction including *This Planet Earth* (1979), *My Brahmin Days and Other Stories* (2000), *Imaginary Origins: Selected Poems* (2004), and *Drums of my Flesh* (2005), he has also edited two anthologies, *A Shapely Fire: Changing the Literary Landscape* (1987), and *Another Way to Dance: Contemporary Asian Poetry from Canada and the United States* (1990; 1996). He teaches at the University of Ottawa.

Cyril Dabydeen est né au Guyana en 1945. Il vit au Canada depuis 1970. Il est l'auteur de plusieurs recueils de poésie, de nouvelles et d'ouvrages de fiction, tels *This Planet Earth* (1979), *My Brahmin Days and Other Stories* (2000), *Imaginary Origins: Selected Poems* (2004) et *Drums of my Flesh* (2005). Il a également dirigé deux anthologies, soit *A Shapely Fire: Changing the Literary Landscape* (1987) et *Another Way to Dance: Contemporary Asian Poetry from Canada and the United States* (1990) ; édition revue et augmentée en 1996). Il enseigne actuellement à l'Université d'Ottawa.

## D'ALFONSO, ANTONIO

Antonio d'Alfonso est né à Montréal, en 1953, de parents italiens. À la fois cinéaste indépendant, critique littéraire, romancier et poète, il se consacre à sa maison d'édition Guernica, où il a publié de nombreux ouvrages d'auteurs du monde entier. Il a contribué à la production de films et de scénarios, écrit dans diverses revues et travaillé à la traduction de plusieurs œuvres de poètes québécois vers l'anglais et l'italien et celles d'écrivains canadiens-anglais vers le français. En 1987, il a été finaliste au prix Émile-Nelligan pour son recueil de poésie *L'Autre rivage*, une traduction de *The Other Shore*. En 2000, il a reçu le prix Bressani pour *Avril ou L'anti-passion* et, en 2005, le prix Trillium pour *Un vendredi du mois d'août*.

Antonio d'Alfonso, child of Italian immigrants, was born in Montreal in 1953. An independent film producer, literary critic, novelist, and poet, he devotes himself to Guernica Editions and maintains an active and culturally diverse program with his publishing house. He has translated many works by Quebec poets into both English and Italian, and has also translated various texts by English authors into French. In 1987 he was a finalist for the prix Émile-Nelligan for his collection of poems, *The Other Shore*. In 2000, he received the Bressani Award for *Fabrizio's Passion,* a translation of *Avril ou l'antipassion,* and, in 2005, The Trillium Award for *A Friday in August,* a translation of *Un vendredi du mois d'août.*

## DESBIENS, PATRICE

Patrice Desbiens est né en 1948 à Timmins en Ontario. Il a publié son premier recueil de poésie en 1974. Il a participé, en tant que musicien, à la tournée *Trésor de la langue*, qui l'a amené, en 1999, à enregistrer deux disques, *Patrice Desbiens et Les Moyens du Bord* puis *La grosse guitare rouge*. Ses nombreux ouvrages lui ont valu de multiples distinctions tels le prix du Nouvel-Ontario (1985), le prix Champlain (1997) et le prix de poésie Terrasses Saint-Sulpice-Estuaire (1998). *Dans l'après-midi cardiaque* lui a aussi valu d'être finaliste pour le prix du Gouverneur général en 1985.

Patrice Desbiens was born in Timmins, Ontario in 1948. He published his first collection of poems in 1974. As a musician, he participated in the *Trésor de la langue* performance tour, which led him, in 1999, to record two disks, *Patrice Desbiens et Les Moyens du Bord* and *La grosse guitare rouge*. He has won the prix du Nouvel-Ontario (1985), the prix Champlain (1997), and the prix de Poésie Terrasses Saint-Sulpice-Estuaire (1998). *Dans l'après-midi cardiaque* was also on the shortlist for the Governor General's Award in 1985.

## DESPRÉS, RONALD

Ronald Després est né en 1935 à Lewisville au Nouveau-Brunswick. Il a publié quatre recueils de poésie : *Silence à nourrir de sang* (1958), *Les Cloisons du vertige* (1962), *Le Balcon des dieux inachevés* (1968) et *Paysages en contrebandes 1956-1972* (1974), ainsi qu'un roman satirique, *Le Scapel ininterrompu* (2002). Il travaille aujourd'hui en tant que traducteur, interprète, gestionnaire et organiste à Ottawa.

Ronald Després was born in Lewisville, New Brunswick in 1935. He is the author of four collections of poetry: *Silence à nourrir de sang* (1958), *Les Cloisons du vertige* (1962), *Le Balcon des dieux inachevés* (1968), and *Paysages en contrebandes 1956-1972* (1974); and he also published a satirical novel, *Le Scapel ininterrompu* (2002). He continues to pursue his work as translator, interpreter, administrator, and organist in Ottawa.

## DICKSON, ROBERT

Robert Dickson est né à Toronto en 1944. Auteur contribuant à la vie artistique francophone du Canada, il a publié six recueils de poésie et traduit des pièces de théâtre de Jean-Marc Dalpé et des romans de Lola Lemire Tostevin et de Tomson Highway. Il a reçu de nombreux prix, notamment le prix du Gouverneur général, catégorie poésie, en 2002 pour son apport à la francophonie canadienne ainsi que pour son recueil *Humains paysages en temps de paix relative*. Mort en mars 2007, Robert Dickson était professeur émérite au Département d'études françaises et de traduction de l'Université Laurentienne et membre du Comité consultatif ministériel pour les arts et la culture du ministère de la Culture de l'Ontario.

Robert Dickson was born in Toronto in 1944. He has published six collections of poetry and translated plays by Jean-Marc Dalpé, and novels by Lola Lemire Tostevin and Tomson Highway, for which he has received several prizes. For his contribution to Canadian Francophonie as well as his collection *Humains paysages en temps de paix relative*, he was awarded the Governor General's Prize for poetry in 2002. Robert Dickson served as Professor Emeritus at Laurentian University and chaired the Minister's Advisory Council for Arts and Culture for the Ontario Ministry of Culture. He died in 2007.

## DI MICHELE, MARY

Mary di Michele was born in Italy in 1949 and immigrated to Canada with her family in 1955. She earned degrees from the University of Toronto and the University of Windsor before embarking on a career as a freelance writer. Her books of poetry and fiction include *Mimosa and Other Poems* (1981), *Under My Skin* (1994), *Stranger in You: Poems Selected and New* (1995), and *Debriefing the Rose* (1998). She has also edited an anthology of poetry, *Anything is Possible: A Collection of Eleven Women Poets* (1984). She teaches at Concordia University in Montreal.

Mary di Michele est née en Italie en 1949. Elle a immigré au Canada avec sa famille en 1955. Elle est diplômée de l'Université de Toronto et de l'Université de Windsor. Comme écrivaine, elle a publié des recueils et des ouvrages de fiction dont *Mimosa and Other Poems* (1981) et *Under My Skin* (1994), *Stranger in You: Poems Selected and New* (1995) et *Debriefing the Rose* (1998), et elle a dirigé une anthologie intitulée *Anything is Possible: A Collection of Eleven Women Poets* (1984). Elle enseigne à l'Université Concordia à Montréal.

## ÉTIENNE, GÉRARD

Gérard Étienne est né à Cap-Haïtien en 1936. Il est titulaire d'un baccalauréat ès arts, d'une licence en lettres de l'Université de Montréal, ainsi que d'un doctorat en linguistique de l'Université de Strasbourg. Après avoir été détenu de longues années en Haïti pour des raisons politiques, il s'est exilé au Québec en 1964. Journaliste, professeur, écrivain et poète, Gérard Étienne a été nommé personnalité de l'année en Acadie (1992), il a reçu le prix du Meilleur éditorialiste (1988), le Certificat d'honneur Maurice-Cagnon (1996), la médaille d'or de La Renaissance française à Montréal (1997) et le trophée Cator pour l'ensemble de son œuvre. Certains de ses romans, tels *La Reine Soleil Levée* et *Une Femme muette*, ont été traduits en anglais, en portugais, en italien et en allemand.

Gérard Étienne was born in Cap-Haïtien in 1936. He pursued undergraduate studies at the University of Montreal and completed a Ph.D. in linguistics from the University of Strasbourg. After years of imprisonment in Haiti for political reasons, he went into exile and settled in Quebec in 1964. He was named Person of the Year in Acadia in 1992, received the prix du Meilleur éditorialiste in 1988, the Certificat d'honneur Maurice- Cagnon (1996), the La Renaissance française gold medal in 1997, as well as the Castor Trophy for his work. Some of his novels, including *La Reine Soleil Levée* and *Une Femme muette*, have been translated into English, Portuguese, Italian, and German.

## FIAMENGO, MARYA

Born in Vancouver in 1926, Marya Fiamengo was educated at the University of British Columbia, where she taught for many years. A poet and critic active in Vancouver since the early 1950s, she is the author of eight collections including *Quality of Halves* (1958), *In Praise of Old Women* (1976), *North of the Cold Star: New and Selected Poems* (1978), *White Linen Remembered* (1996), and *Visible Living: Poems Selected and New* (2006). She now lives on the Sunshine Coast north of the Lower Mainland in British Columbia.

Marya Fiamengo est née à Vancouver en 1926. Elle a étudié à l'Université de la Colombie-Britannique et y a également enseigné plusieurs années. Elle travaille à Vancouver depuis le début des années 1950 comme poète et critique littéraire. Elle a signé huit recueils dont *Quality of Halves* (1958), *In Praise of Old Women* (1976), *North of the Cold Star: New and Selected Poems* (1978), *White Linen Remembered* (1996) et *Visible Living: Poems Selected and New* (2006). Elle vit actuellement sur la Sunshine Coast au nord des basses terres de la vallée Fraser en Colombie-Britannique.

## GARCIA, JUAN

Juan Garcia est né à Casablanca, au Maroc, en 1945. Il a émigré au Québec à l'âge de 12 ans. Il a dès lors fréquenté les milieux littéraires.

En 1965, il a fondé, avec Raôul Duguay et Pierre Bertrand, la revue *Passe-partout*. Il a publié son premier livre, *Alchimie du corps*, en 1967. En 1968, il a quitté le Québec pour la France et l'Espagne. Trois ans plus tard, son recueil de poèmes *Corps de gloire* a obtenu le prix de la revue *Études françaises*. Juan Garcia a également reçu, en 1990, le prix Alain-Grandbois.

Born in Casablanca, Morocco in 1945, Juan Garcia emigrated to Quebec at the age of 12, where he later became well-known in literary circles. In 1965 he founded *Passe-partout* magazine with Raôul Duguay and Pierre Bertrand. He published his first book, *Alchimie du corps* in 1967. In 1968, he moved to France and Spain. Three years later, his collection of poems, *Corps de gloire*, received the prix de la revue *Études françaises*. Juan Garcia was also awarded the prix Alain-Grandbois in 1990.

## GASPARINI, LEN

Len Gasparini was born in 1941 in Windsor, Ontario. He has lived in Toronto, Montreal, Vancouver and the United States, and has taught at the University of Windsor. Author of many collections of poetry including *I Was a Poet for the Mafia* (1974), *Breaking and Entering: New and Selected Poems* (1980), *Halo of Flies* (1998), and *The Broken World: Poems 1967-1998* (2005), he has also published a one-act play and two collections of short stories, *Blind Spot* (2000) and *A Demon in My View* (2003).

Len Gasparini est né à Windsor en Ontario en 1941. Il a vécu tour à tour à Toronto, à Montréal, à Vancouver et aux États-Unis, puis il a enseigné à l'Université de Windsor. Il est l'auteur de plusieurs recueils dont *I Was a Poet for the Mafia* (1974), *Breaking and Entering: New and Selected Poems* (1980), *Halo of Flies* (1998) et *The Broken World: Poems 1967-1998* (2005). Il a aussi publié une pièce de théâtre en un acte et deux recueils de nouvelles : *Blind Spot* (2000) et *A Demon in My View* (2003).

## Ghalem, Nadia

Nadia Ghalem est née en 1941 à Oran, en Algérie. Elle a fait des études en psychologie, en communication et en littérature. Romancière, dramaturge, essayiste et poète, elle a publié son premier recueil de poèmes en 1980. L'année suivante, son roman *Les Jardins de cristal* a été finaliste au prix des Littératures francophones. Quelques années plus tard, un autre de ses romans, *La villa Désir*, s'est retrouvé parmi les finalistes du prix Guérin littérature. En 1993, *La rose des sables*, roman pour adolescent, lui a valu le prix Littéraire du CRÉDIF-Paris. Actuellement, Nadia Ghalem publie principalement pour la jeunesse et est chercheuse indépendante ainsi que réviseure.

Nadia Ghalem was born in Oran, Algeria in 1941. She studied psychology, communication, and literature. Novelist, poet, and playwright, she published her first collection of poems in 1980 and the following year her novel *Les Jardins de cristal* was a finalist for the prix des Littératures francophones. Her novel *La villa Désir* (1987) was on the short list for the prix Guérin littérature. In 1993, her novel for young adults, *La rose des sables*, won the prix CRÉDIF-Paris. Currently, Nadia Ghalem mostly publishes works in youth literature, and is also an independent scholar and reviser.

## Irie, Kevin

Born in 1953 in Toronto, Kevin Irie studied at the University of Toronto before becoming a primary school teacher. Author of *Burning the Dead* (1992), *The Colour of Eden* (1996), *Dinner at Madonna's* (2003), and *Angel Blood: The Tess Poems* (2004), he has had his work published in the United Kingdom, the United States, and Australia, and has had his poems translated into Spanish and Japanese.

Kevin Irie est né à Toronto en 1953. Il a étudié à l'Université de Toronto puis enseigné au niveau primaire. Il est l'auteur de *Burning the Dead* (1992), *The Colour of Eden* (1996), *Dinner at Madonna's*

(2003) et *Angel Blood: The Tess Poems* (2004). Ses œuvres ont été publiées au Royaume-Uni, aux États-Unis et en Australie, et ses poèmes, traduits en espagnol et en japonais.

## KLEIN, A. M.

A. M. Klein was born in 1909 in the Ukraine and moved with his family to Montreal the following year. Trained as a lawyer, A. M. Klein also worked as the editor of *The Canadian Jewish Chronicle*, as a speech writer and public relations advisor, and as a lecturer at McGill. His published books include *Hath Not a Jew* (1940), *The Rocking Chair and Other Poems* (1948), and the novel, *The Second Scroll* (1951), which was inspired by his visit to Israel and to Jewish refugee camps in Europe and North Africa. Volumes of his collected works began to appear in 1982. He died in Montreal in 1972.

A. M. Klein a vu le jour en Ukraine en 1909 et est arrivé à Montréal avec sa famille un an plus tard. Avocat de formation, il a également occupé les postes de directeur de la *Canadian Jewish Chronicle*, de rédacteur de discours, de conseiller en relations publiques et d'enseignant à l'Université McGill. Il a publié de nombreux ouvrages : *Hath Not a Jew* (1940), *La chaise berçante*, traduction de *The Rocking Chair and Other Poems* (1948) et le roman *Le second rouleau*, traduction de *The Second Scroll* (1951), que lui ont inspirés ses voyages en Israël et ses visites dans les camps de réfugiés juifs d'Europe et d'Afrique du Nord. Ses œuvres complètes, regroupant des volumes, ont été publiées dès 1982. A. M. Klein s'est éteint à Montréal en 1972.

## KOGAWA, JOY

Born in 1935 in Vancouver, Joy Kogawa and her family were subjected to the internment of Japanese Canadians during World War II. She studied at the University of Alberta, the University of Toronto, and the University of Saskatchewan, and worked as a teacher and as a writer in the Prime Minister's Office before dedicating her time to writing poetry, novels, and children's stories. Her work includes *Obasan* (1981), *The Rain Ascends* (1995), *A Song of Lilith* (2000), and *A Garden of Anchors: Selected Poems* (2003).

Joy Kogawa est née à Vancouver à 1935. Canadienne d'origine japonaise, elle et sa famille ont subi l'internement durant la Seconde Guerre mondiale. Elle a étudié aux universités d'Alberta, de Toronto et de la Saskatchewan, et elle a occupé les postes d'enseignante puis de rédactrice pour le Cabinet du premier ministre fédéral avant de se consacrer entièrement à la rédaction de poèmes, de romans et de livres pour enfants. Elle est l'auteure de *Obasan* (1981), traduit en français sous le même titre, *The Rain Ascends* (1995), *A Song of Lilith* (2000) et *A Garden of Anchors: Selected Poems* (2003).

## LACELLE, ANDRÉE

Andrée Lacelle est née en 1947 à Hawkesbury en Ontario. Poète, traductrice et critique littéraire, elle est également directrice littéraire des éditions Écrits des Hautes-Terres depuis 1999. La plupart de ses ouvrages sont accompagnés d'œuvres d'artistes, tels Marie-Jeanne Musiol et René Derouin. Ses nombreux recueils lui ont entre autres valu le premier prix de Poésie de la Société Radio-Canada (1994). En 1995, elle a été la première auteure franco-ontarienne à obtenir le prestigieux Prix Trillium pour son recueil de poésie *Tant de vie s'égare*. Sa dernière publication, *La lumière et l'heure*, a été mise en nomination pour le prix Christine-Dumitriu-Van-Saanen 2004.

Andrée Lacelle was born in Hawkesbury, Ontario in 1947. Poet, translator, and literary critic, she has served as the literary editor at Éditions Écrits des Hautes-Terres since 1999. Most of her books include contributions from visual artists, including Marie-Jeanne Musiol and René Derouin. She has received numerous awards including the First Prize for Poetry from the Société Radio-Canada (1994). In 1995 Andrée

Lacelle became the first Franco-Ontarian writer to be honoured with the Prix Trillium for her collection of poetry, *Tant de vie s'égare.* Her last publication, *La lumière et l'heure,* was nominated for the 2004 prix Christine-Dumitriu-Van-Saanen.

## LALONDE, MICHÈLE

Michèle Lalonde est née à Montréal en 1937. Titulaire d'une licence en philosophie de l'Université de Montréal, elle se partage les titres de poète, d'essayiste et de dramaturge. Principalement reconnue pour ses textes engagés sur la question linguistique et nationale, notamment pour son poème *Speak White,* elle est aussi l'auteure de textes radiophoniques, de commentaires de films et du scénario d'un long métrage réalisé par Jacques Gagné. Le prix Duvernay lui a été attribué en 1979 pour l'ensemble de son œuvre et, en 2004, elle a remporté le prix du Poète au Marché francophone de la poésie.

Michèle Lalonde was born in Montreal in 1937. She completed undergraduate studies in philosophy at the University of Montreal. Poet, essayist, and playwright, she has become well known for her writings on linguistic and national issues, in particular for her renowned poem *Speak White.* She is also the author of radio scripts and film commentaries, and of a full-length film performance by Jacques Gagné. She received the prix Duvernay for her work in 1979. In 2004, Michèle Lalonde was also awarded the prix du Poète au Marché francophone de la poésie.

## LAYTON, IRVING

Born in 1912 in Romania, Irving Layton moved to Montreal with his parents the following year. He earned degrees from Macdonald College and McGill University, and taught in secondary schools for many years before being appointed as a professor of English at York University in Toronto. Author of numerous collections of poetry, his poetry has been translated into many languages. His later books include *Fortunate Exile* (1987), and three volumes of selected poems entitled *A Wild Peculiar Joy* (1982), *Dance with Desire* (1986), and *Fornalutx* (1992). He passed away in Montreal in 2006.

Irving Layton est né en Roumanie en 1912, et sa famille s'est installée à Montréal l'année suivante. Il est diplômé du Collège Macdonald et de l'Université McGill. Il a enseigné à l'école secondaire plusieurs années avant d'être nommé professeur au Département d'anglais de l'Université York de Toronto. Ses nombreux recueils de poésie ont été traduits en plusieurs langues. Parmi ses œuvres les plus récentes, mentionnons *Fortunate Exile* (1987) et trois volumes de poèmes choisis : *A Wild Peculiar Joy* (1982), *Dance with Desire* (1986) et *Fornalutx* (1992). Irving Layton s'est éteint en 2006 à Montréal.

## LEBLANC, CHARLES

Charles Leblanc est né à Montréal en 1950. Titulaire d'un baccalauréat ès arts en sciences sociales, d'un baccalauréat spécialisé en économie et d'un certificat en traduction, il s'est installé à Saint-Boniface en 1978. Passionné de théâtre et de littérature, il a fondé cinq troupes de théâtre, fait de l'improvisation et été dramaturge. Il a aussi publié un roman, *Voyages en papier : trois récits épistolaires*, et cinq recueils de poésie, dont *L'appétit du compteur,* qui s'est retrouvé parmi les quatre finalistes du Carol Shields Winnipeg Book Award en 2004.

Born in Montreal in 1950, Charles Leblanc settled in Saint-Boniface in 1978. He completed undergraduate studies in the social sciences as well as obtained a certificate in translation. Passionate about theatre and literature, he founded five theatre troups, continues to perform improvisation, and is also a playwright. He is the author of a novel, *Voyages en papier : trois récits épistolaires*, and of five collections of poetry, including *L'appétit du compteur*, which was a finalist for the Carol Shields Winnipeg Book Award in 2004.

## Leblanc, Gérald

Gérald Leblanc est né en 1945 à Bouctouche au Nouveau-Brunswick. Romancier, éditeur, critique, directeur de revue, animateur et traducteur, il a également été parolier principal du groupe musical 1755 et a collaboré à l'écriture de sa trentaine de chansons. Ses nombreux recueils, dont *Complaintes du continent* et *L'Extrême frontière*, ainsi que ses textes dramatiques et radiophoniques, lui ont valu plusieurs distinctions tels le prix Pascal-Poirier du Gouverneur du Nouveau-Brunswick (1993) et le prix Estuaire des Terrasses Saint-Sulpice (1994). Ambassadeur de la culture acadienne depuis plus de quatre décennies, Gérard Leblanc s'est éteint à Moncton le 30 mai 2005.

Gérald Leblanc was born in Bouctouche, New Brunswick in 1945. Novelist, editor, critic, magazine editor, performer, and translator, he is also the principal writer of the music group 1755 and has collaborated in the creation of some thirty songs. His numerous collections, including *Complaintes du continent* and *L'Extrême frontière*, as well as dramatic works for stage and radio, have received many distinctions including the prix Pascal-Poirier du Gouverneur du Nouveau-Brunswick (1993) and the prix Estuaire des Terrasses Saint-Sulpice (1994). He served as an ambassador for Acadian culture over four decades and died in Moncton in 2005.

## Livesay, Dorothy

Dorothy Livesay was born in 1909 in Winnipeg. She studied at the University of Toronto, at the Sorbonne in Paris, and at the University of British Columbia where she taught briefly in the 1960s. Among her many collections are *Poems for People* (1947),

*Selected Poems of 1926-1956* (1957), *The Unquiet Bed* (1967), *The Documentaries* (1968), *Collected Poems: The Two Seasons* (1972), *The Woman I Am* (1977), and *The Self-Completing Tree* (1986). Her collection of essays, poems, letters, reminiscences, *Right Hand, Left Hand: A True Life of the Thirties*, appeared in 1977. She died in Victoria, B.C., in 1996.

Dorothy Livesay est née à Winnipeg en 1909. Elle a étudié à l'Université de Toronto, à la Sorbonne à Paris et à l'Université de la Colombie-Britannique, où elle a enseigné au cours des années 60. Parmi ses nombreux recueils, on compte *Poems for People* (1947), *Selected Poems of 1926-1956* (1957), *The Unquiet Bed* (1967), *The Documentaries* (1968), *Collected Poems: The Two Seasons* (1972), *The Woman I Am* (1977) et *The Self-Completing Tree* (1986). Son recueil d'essais, de poèmes, de lettres et de souvenirs *Right Hand, Left Hand: A True Life of the Thirties* a été publié en 1977. Elle s'est éteinte à Victoria en 1996.

## LOWTHER, PAT

Pat Lowther was born in 1935 in North Vancouver. She left school to work as a keypunch operator and started writing seriously three years later when she began submitting work to literary journals and enrolling in creative writing courses. In the early 1970s, she was elected as co-chair of the League of Canadian Poets and taught Creative Writing at the University of British Columbia. Her work includes *This Difficult Flowring* (1968), *Milk Stone* (1974), *A Stone Diary* (1977), and *Time Capsule: New and Selected Poems* (1996). A victim of family violence, she was murdered in 1975.

Pat Lowther est née à North Vancouver en 1935. Elle a quitté l'école pour travailler comme perforatrice. Trois ans plus tard, elle s'est inscrite à des ateliers d'écriture et a soumis ses écrits à des journaux littéraires. Au début des années 70, elle a été élue coprésidente de la *League of Canadian Poets* et a enseigné la création littéraire à l'Université de la Colombie-Britannique. Ses œuvres comprennent *This Difficult Flowring* (1968), *Milk Stone* (1974), *A Stone Diary* (1977) et *Time Capsule: New and Selected Poems* (1996). Victime de violence familiale, elle a été assassinée en 1975.

## LTAIF, NADINE

D'origine libanaise, Nadine Ltaif est née en 1961. Détentrice d'une maîtrise en études françaises de l'Université de Montréal, elle a occupé, de 2000 à 2003, le poste de codirectrice de *Tessera*, revue bilingue qui publie des textes de fiction et des essais. Traductrice de l'arabe vers le français, elle a également fait paraître cinq recueils de poésie, dont *Entre les fleuves*, finaliste pour le prix Émile-Nelligan en 1991, *Élégies du Levant* (1995) et *Le livre des dunes* (1999).

Nadine Ltaif was born in Lebanon in 1961. She completed a Masters degree in French Studies from the University of Montreal and served as co-editor of *Tessera*, a bilingual magazine that publishes works of fiction and essays. She translates from Arabic into French and has published five collections of poetry, including *Entre les fleuves*, which was a finalist for the prix Émile-Nelligan in 1991, *Élégies du Levant* (1995), and *Le livre des dunes* (1999).

## MARLATT, DAPHNE

Born in Australia in 1942, Daphne Marlatt moved to North Vancouver with her family in 1951. She completed degrees at the University of British Columbia and the University of Indiana, and served as editor of *The Capilano Review* and as co-editor of *Periodics* and *Tessera*. Among her many published works are *Steveston* (1974), *Touch to My Tongue* (1984), *Ana Historic* (1988), *Taken* (1996), *This Tremor Love Is* (2001), and *Seven Glass Bowls* (2003). Her documentary publications include *Steveston Recollected: a Japanese-Canadian History* (1975, with M. Koizumi), and *Opening Doors: Vancouver's East End* (1979, with Carole Itter).

Daphne Marlatt est née en Australie en 1942. Sa famille s'est installée à North Vancouver en 1951. Titulaire d'un diplôme des universités de la Colombie-Britannique et de l'Indiana, elle a dirigé la publication *The Capilano Review*, puis codirigé *Periodics* et *Tessera*. Elle a signé plusieurs œuvres : *Steveston* (1974), *Touch to My Tongue* (1984), *Ana Historique*, traduction de *Ana Historic* (1988), *Taken* (1996), *This Tremor Love Is* (2001) et *Seven Glass Bowls* (2003). Elle a également publié des ouvrages documentaires dont *Steveston Recollected: a Japanese-Canadian History* (1975, avec M. Koizumi) et *Opening Doors: Vancouver's East End* (1979, avec Carole Itter).

## MATHIEU, LOUVE (MAÏKAM)

Marie Luci Louve Mathieu, d'origine montagnaise, est née en 1971. Elle habite à Sept-Îles, dans la région de la Côte-Nord (Duplessis). Ses poèmes, proches de la tradition orale amérindienne, sont habituellement très courts. Elle publie ses poèmes et ses haïkus dans Internet depuis 1998 et a également participé à deux collectifs, dont *Chevaucher la lune : Anthologie du haïku contemporain en français* (2001), ainsi qu'à plusieurs revues.

Of Montagnais origin, Marie Luci Louve Mathieu was born in 1971. She lives in Sept-Îles, in the Côte-Nord (Duplessis) region. Her poems, which are written in the aboriginal oral tradition, are usually very short. Since 1998, her poems, including her haiku compositions, have been published on the Internet. She has also published in two collections, including *Chevaucher la lune : Anthologie du haïku contemporain en français* (2001), and in magazines.

## MAYNE, SEYMOUR

Seymour Mayne was born in 1944 in Montreal. He is the author, editor, and translator of more than fifty books and monographs, including *The Impossible Promised Land* (1981), *Essential Words:*

*An Anthology of Jewish Canadian Poetry* (1985), *Children of Abel* (1986), *Killing Time* (1992), *The Song of Moses* (1995), *Ricochet: Word Sonnets* (2004), and *September Rain* (2005). Co-editor of *Jerusalem: An Anthology of Jewish Canadian Poetry* (1996) and *A Rich Garland: Poems for A. M. Klein* (1999), he is a professor in the Department of English and the Institute of Canadian Studies at the University of Ottawa.

Seymour Mayne est né à Montréal en 1944. Il est l'auteur, le directeur et le traducteur de plus de 50 volumes et monographies parmi lesquels : *The Impossible Promised Land* (1981), *Essential Words: An Anthology of Jewish Canadian Poetry* (1985), *Children of Abel* (1986), *Killing Time* (1992), *The Song of Moses* (1995), *Ricochet: Word Sonnets* (2004) et *September Rain* (2005). Il a codirigé les anthologies *Jerusalem: An Anthology of Jewish Canadian Poetry* (1996) et *A Rich Garland: Poems for A. M. Klein* (1999). Il est professeur au Département d'anglais de l'Université d'Ottawa.

## MAZZA, ANTONINO

Born in Italy in 1949, Antonino Mazza immigrated to Canada in 1961. He studied at Carleton University, at La Scuola Normale Superiore in Pisa, and at the University of Toronto. He has taught at Queen's University and at the University of Ottawa, and has worked as an editor for *Vice Versa* and *Gamut International*. His work includes *The Way I Remember It* (1988) and *Urban Harvest* (1997).

Antonino Mazza est né en Italie en 1949 et a immigré au Canada en 1961. Il a étudié à l'Université Carleton, à La Scuola Normale Superiore de Pise, ainsi qu'à l'Université de Toronto. Il a occupé le poste de professeur à l'Université d'Ottawa et à l'Université Queen's, et celui de directeur pour *Vice Versa* et *Gamut International*. Il a publié *The Way I Remember It* (1988) et *Urban Harvest* (1997).

## Micone, Marco

Marco Micone est né en Italie en 1945. Résident du Québec depuis 1958, il détient une maîtrise en littérature française de l'Université McGill. Le phénomène de l'immigration lui a inspiré trois pièces de théâtre, dont *Déjà l'agonie*, qui a remporté le Grand Prix de théâtre du *Journal de Montréal* en 1989, et un poème, *Speak What*, qui se veut une réponse au célèbre *Speak White* de Michèle Lalonde. Il a aussi reçu le prix des Arcades de Bologne en 1992 pour son recueil de récits autobiographiques *Le Figuier enchanté*.

Marco Micone was born in Italy in 1945 and has lived in Quebec since 1958. He completed a Master's degree in French Literature at McGill University. He has written three plays on the immigrant condition, including *Beyond the Ruins*, a translation of *Déjà l'agonie*, for which he was awarded the Grand Prix du théâtre du *Journal de Montréal* in 1989, and a poem titled *Speak What*, written in response to Michelle Lalonde's provocative work, *Speak White*. For his collection of autobiographical stories, *Le Figuier enchanté*, he was awarded the prix des Arcades de Bologne in 1992.

## Mohtashami-Maali, Arash

Arash Mohtashami-Maali est né en Iran en 1966. Il a poursuivi des études françaises au Collège Glendon de l'Université York de Toronto et en littérature française à l'Université de Toronto. Il a signé deux recueils de poésie : *La Tour du silence* (1997) et *Deuils d'automne* (2000). Ce dernier lui a procuré une place parmi les finalistes du Prix Trillium 2001, ainsi que du prix Christine-Dumitru-Van-Saanen 2001. Codirecteur de la revue de nouvelles *Virages* de 1998 à 2004, Arash Mohtashami-Maali est actuellement directeur des Éditions L'Interligne et de la revue littéraire pancanadienne *Liaison*.

Arash Mohtashami-Maali was born in Iran in 1966. He took up French Studies at Glendon College, York University, and then studied French

Literature at the University of Toronto. He has written two collections of poetry, *La Tour du silence* (1997) and *Deuils d'automne* (2000), which was shortlisted for both the Prix Trillium and the prix Christine-Dumitru-Van-Saanen in 2001. Co-editor of the magazine *Virages* from 1998 to 2004, Arash Mohtashami-Maali is currently editor of Éditions L'Interligne and of the Canada-wide literary magazine, *Liaison*.

## Monette, Hélène

Hélène Monette est née à Saint-Philippe-de-Laprairie en 1960. Très engagée dans le milieu littéraire, elle est cofondatrice du magazine *Ciel variable* et a collaboré à de nombreux projets de poésie, de radio et de cinéma. Elle a également publié trois recueils de poésie, dont *Lettres insolites*, finaliste pour le prix Émile-Nelligan en 1991, ainsi que plusieurs romans, tels *Le goudron et les plumes* et *Plaisirs et paysages kitsch*. *Le Blanc des yeux*, qui paraît en 1999, s'est quant à lui retrouvé finaliste au prix Alain-Grandbois de l'Académie des lettres du Québec.

Hélène Monette was born in Saint-Philippe-de-Laprairie in 1960. Actively involved in literary circles, she is the co-founder of the magazine *Ciel variable*, and has collaborated on several poetry, radio, and film projects. She is the author of three poetry collections, including *Lettres insolites* which was shortlisted for the prix Émile-Nelligan in 1991. She has also written several novels, including *Le goudron et les plumes* and *Plaisirs et paysages kitsch*. *Le Blanc des yeux*, which appeared in 1999, was shortlisted for the prix Alain-Grandbois de l'Académie des lettres du Québec.

## Nepveu, Pierre

Romancier, essayiste, poète et critique, Pierre Nepveu est né à Montréal en 1946. Sa vingtaine d'ouvrages ont été salués par de nombreuses distinctions telles que le prix Québec-Paris avec Laurent

Mailhot pour l'anthologie *La Poésie québécoise, des origines à nos jours* (1981), le prix du Gouverneur général du Canada (1997, 1998 et 2003), le Grand Prix du Festival international de la poésie de Trois-Rivières pour *Lignes aériennes* (2003) et, plus récemment, le prix Athanase-David (2005). Pierre Nepveu enseigne au Département des littératures de langue française de l'Université de Montréal.

Pierre Nepveu was born in Montreal in 1946. Novelist, essayist, poet, and critic, he has won a number of major prizes including the prix Québec-Paris with Laurent Mailhot for the anthology *La Poésie québécoise, des origines à nos jours* (1981), the Governor General's Award (1997, 1998, and 2003), the Grand Prix du Festival international de la poésie de Trois-Rivières for *Mirabel*, a translation of *Lignes aériennes* (2003) and, more recently, the prix Athanase-David (2005). He teaches at the University of Montreal.

## ONDAATJE, MICHAEL

Michael Ondaatje was born in 1943 in Sri Lanka and moved to England in 1954 and to Canada in 1962, where he studied at the University of Toronto and Queen's University. Author of many works of poetry and fiction, he has also edited a number of anthologies and made four films. His books of poetry and fiction include *The Collected Works of Billy the Kid: Left Handed Poems* (1970), *There's a Trick with a Knife I'm Learning To Do: Poems 1963-1978* (1979), *Running in the Family* (1982), *The English Patient* (1992), *Handwriting* (1998), and *Anil's Ghost* (2000). He lives in Toronto and teaches at Glendon College, York University.

Michael Ondaatje est né au Sri Lanka en 1943. Il a quitté son pays pour l'Angleterre en 1954 et a ensuite immigré au Canada en 1962. Il est diplômé de l'Université de Toronto et de l'Université Queen's. Il a publié plusieurs anthologies et produit quatre films. Il a aussi signé de nombreux recueils de poésie et ouvrages de fiction, parmi lesquels :

*Billy the Kid, œuvres complètes*, traduction de *The Collected Works of Billy the Kid: Left Handed Poems* (1970), *There's a Trick with a Knife I'm Learning To Do: Poems 1963-1978* (1979), *Un air de famille*, traduction de *Running in the Family* (1982), *L'homme flambé*, traduction de *The English Patient* (1992), *Écrits à la main*, traduction de *Handwriting* (1998) et *Le fantôme d'Anil*, traduction de *Anil's Ghost* (2000). Il vit à Toronto et enseigne au Collège Glendon de l'Université York.

## PARAMESWARAN, UMA

Uma Parameswaran was born in India in 1938 and moved with her husband to Winnipeg in 1966. She holds degrees from Indian and American universities and currently teaches English at the University of Winnipeg. The general editor of the *South Asian Canadian Literature Series* (SACLIT), she is also the author of *Rootless But Green Are the Boulevard Trees* (1987), *Trishanku* (1988), *What Was Always Hers* (1999), *The Sweet Smell of Mother's Milk-Wet Bodice* (2001), and *Sisters at the Well* (2002).

Uma Parameswaran est née en Inde en 1938 et s'est installée à Winnipeg avec son mari en 1966. Elle est titulaire de diplômes d'universités indiennes et américaines et enseigne actuellement l'anglais à l'Université de Winnipeg. Elle est également directrice de la *South Asian Canadian Literature Series* (SACLIT). Elle a signé *Rootless But Green Are the Boulevard Trees* (1987), *Trishanku* (1988), une nouvelle intitulée *The Sweet Smell of Mother's Milk-Wet Bodice* (2001) et *Sisters at the Well* (2002).

## PURDY, AL

Al Purdy was born in 1918 in Wooler, Ontario. He served in the Royal Canadian Air Force and for years worked at various factory jobs. By the mid-1960s, he devoted himself to writing, giving poetry readings, and accepting university positions as writer-in-residence. Author of many collections of poetry as well as a novel, he also edited a number of anthologies. His numerous collections include *The Cariboo Horses* (1965), *North of Summer: Poems from Baffin Island* (1967), *In Search of Owen Roblin* (1974), *The Stone Bird* (1981), and *The Collected Poems of Al Purdy* (1986). He died in Sidney, B.C., in 2000.

Al Purdy est né à Wooler en Ontario en 1918. Après avoir fait son service dans l'Aviation royale du Canada, il a travaillé comme ouvrier avant de se consacrer à l'écriture vers le milieu des années 60. Il a occupé le poste d'écrivain résident dans plusieurs universités et donné des lectures publiques de poésie. Poète et romancier, il a aussi publié plusieurs anthologies. Parmi ses recueils, notons *The Cariboo Horses* (1965), *North of Summer: Poems from Baffin Island* (1967), *In Search of Owen Roblin* (1974), *The Stone Bird* (1981) et *The Collected Poems of Al Purdy* (1986). Al Purdy s'est éteint à Sidney, sur l'île de Vancouver, en 2000.

# ROTCHIN, B. GLEN

B. Glen Rotchin was born in Montreal in 1964. He has served as Head of Programming at the Jewish Public Library in Montreal and his work has appeared in a number of literary magazines over the years. He has co-edited, along with Seymour Mayne, two anthologies of poetry, *Jerusalem: An Anthology of Jewish Canadian Poetry* (1996), and *A Rich Garland: Poems for A. M. Klein* (1999), and is the author of a novel, *The Rent Collector* (2005).

B. Glen Rotchin est né à Montréal en 1964. Au cours de sa carrière, il a été chef de la programmation à la Bibliothèque publique juive de Montréal et il a publié dans diverses revues littéraires au fil des ans. Il a également codirigé, en collaboration avec Seymour Mayne, deux anthologies de poésie : *Jerusalem: An Anthology of Jewish Canadian Poetry* (1996) et *A Rich Garland: Poems for A. M. Klein* (1999). B. Glen Rotchin est aussi l'auteur d'un roman publié en 2005, *The Rent Collector*.

## Ruffo, Armand Garnet

Armand Garnet Ruffo was born in 1955 in Chapleau, Ontario. He has worked as an editor with The Native Council of Canada and as an officer with the Department of External Affairs. Author of *Opening In The Sky* (1994), *Grey Owl: The Mystery of Archie Belaney* (1997), and *At Geronimo's Grave* (2001), he has also edited *(Ad)dressing Our Words: Aboriginal Perspectives on Aboriginal Literatures* (2001). He has taught at the Banff Centre for the Arts and the Eníowkin International School of Writing in Penticton, British Columbia, and is now a professor at Carleton University.

Armand Garnet Ruffo est né à Chapleau en Ontario en 1955. Il a occupé les postes d'éditeur pour le Conseil national des autochtones du Canada et de fonctionnaire pour le ministère des Affaires extérieures. Il a signé *Grey Owl: The Mystery of Archie Belaney* (1992), *Opening In The Sky* (1994), *At Geronimo's Grave* (2001) et dirige *(Ad)dressing Our Words: Aboriginal Perspectives on Aboriginal Literatures* (2001). Il a enseigné au Banff Centre for the Arts, puis au Eníowkin International School of Writing à Penticton en Colombie-Britannique. Il est aujourd'hui professeur à l'Université Carleton.

## Thérien, Michel A.

Michel A. Thérien est originaire d'Ottawa et y réside toujours. En 1998, il a publié *Fleuves de mica*, qui le classe parmi les finalistes du prix Christine-Dumitriu-Van-Saanen. Ses deux ouvrages suivants, *Corps sauvage* et *Eaux d'Ève*, l'ont tous deux placé en lice pour les Prix Trillium et les prix Christine-Dumitriu-Van-Saanen 2001 et 2003. Il a été honoré à la rencontre poétique de Dakar en 2004. En 2005, il a remporté le prix du Livre d'Ottawa pour *L'aridité des fleuves*. Son recueil *Corps sauvage* a été traduit en anglais (2005) et en espagnol (2006). Son recueil *J'écris à rebours* a obtenu le prix Le Droit 2006. En 2007, il publie *Du vertige et de l'espoir. Carnets Africains*.

Michel Thérien was born in Ottawa in 1947 where he continues to live. His collection *Fleuves de mica*, published in 1998, was chosen as a finalist for the prix Christine-Dumitriu-Van-Saanen. His next two publications, *The Wilderness Within* (2005), a translation of *Corps sauvage,* and *Eaux d'Ève*, were on the shortlist for the Prix Trillium and the prix Christine-Dumitriu-Van-Saanen in 2001 and 2003. He was honoured at the International Poetry Meeting held in Dakar in 2004. In 2005, he won the Ottawa Book Awards for *L'aridité des fleuves*. His latest collection, *J'écris à rebours*, received the prix Le Droit 2006. *Corps sauvage* was translated in Spanish in 2006.

## SALVADOR TORRES SASO

Salvador Torres Saso est originaire du Salvador et réside au Canada depuis 1985.

Salvador Torres Saso was born in El Salvador. He has lived in Canada since 1985.

## VAN SCHENDEL, MICHEL

Michel van Schendel est né en France en 1929 et il s'est établi au Québec en 1952. Poète reconnu internationalement, il a vu *De l'œil et de l'écoute* (1980), rétrospective de ses écrits poétiques, traduite en italien. Récipiendaire de nombreuses distinctions, il a reçu en 2003 le prix Victor-Barbeau de l'essai pour *Un temps éventuel* et le prix Athanase-David pour l'ensemble de son œuvre. En août 2004, il a été admis au Cercle d'excellence de l'Université du Québec, à titre de poète et d'homme d'engagement remarquable ainsi que pour son œuvre littéraire et journalistique d'envergure. Michel van Schendel s'est éteint le 9 octobre 2005 à Montréal.

Michel Van Schendel was born in France in 1929 and lived in Quebec from 1952 until his death in Montreal in 2005. He is known internationally for his poetry; his retrospective of selected poems, *De l'œil et de l'écoute,* first published in 1980, was translated into Italian.

Recipient of a number of awards, he won the prix Victor-Barbeau for his essay *Un temps éventuel* and the prix Athanase-David for the totality of his work. In 2004, he was welcomed into the Cercle d'excellence de l'Université du Québec for his works as a poet and his remarkable dedication, as well as for his literary contributions and the wide range of his journalistic writings.

## WADDINGTON, MIRIAM

Miriam Waddington was born in 1917 in Winnipeg. A graduate of the University of Toronto, she taught English at York University until her retirement in 1983. Author of more than a dozen collections of poetry, she is also known as a critic, editor, and Yiddish-language translator of poetry. Her most recent publications include *Collected Poems* (1986), a book of essays, *Apartment Seven* (1989), and a collection of poems, *The Last Landscape* (1992). She has also edited *John Sutherland: Essays, Controversies and Poems* (1972) and *The Collected Poems of A. M. Klein* (1974). She passed away in Vancouver in 2004.

Miriam Waddington est née à Winnipeg en 1917. Titulaire d'un diplôme de l'Université de Toronto, elle a enseigné l'anglais à l'Université York jusqu'à sa retraite en 1983. Critique littéraire, éditrice et traductrice de poèmes en langue yiddish, elle a également signé plus d'une douzaine de recueils de poésie. Ses plus récentes publications sont *Collected Poems* (1986), un livre d'essais, *Apartment Seven* (1989) et un recueil de poésie, *The Last Landscape* (1992). Elle a également dirigé *John Sutherland: Essays, Controversies and Poems* (1972) et *The Collected Poems of A. M. Klein* (1974). Elle s'est éteinte à Vancouver en 2004.

## WONG-CHU, JIM

Born in 1949 in Hong Kong, Jim Wong-Chu was raised in British Columbia and attended the Vancouver Art School. Author of *Chinatown*

*Ghosts* (1986), he has also co-edited *Many-Mouthed Birds: Contemporary Writing by Chinese Canadians* (1991), *Swallowing Clouds: An Anthology of Chinese-Canadian Poetry* (1999), and *Strike the Wok: An Anthology of Contemporary Chinese Canadian Fiction* (2003). A founding member of the Asian Canadian Writers' Workshop, Jim Wong-Chu lives in Vancouver and works as a full-time letter carrier for Canada Post.

Jim Wong-Chu est né à Hong Kong en 1949. Il a grandit en Colombie-Britannique où il a fréquenté la Vancouver Art School. Il est l'auteur de *Chinatown Ghosts* (1986) et a codirigé *Many-Mouthed Birds: Contemporary Writing by Chinese Canadians* (1991), *Swallowing Clouds: An Anthology of Chinese-Canadian Poetry* (1999) et *Strike the Wok: An Anthology of Contemporary Chinese Canadian Fiction* (2003). Jim Wong-Chu est membre fondateur de l'atelier Asian Canadian Writers' Workshop. Il vit à Vancouver et est facteur à la Société canadienne des postes.

## YEE, PAUL

Paul Yee was born in 1956 in Spalding, Saskatchewan, and was raised in Vancouver's Chinatown. He holds degrees from the University of British Columbia and worked as an archivist in Vancouver, then as a policy adviser with the Ontario Ministry of Culture. His many works include *The Curses of Third Uncle* (1986), *Saltwater City: an Illustrated History of the Chinese in Vancouver* (1988), *Tales from Gold Mountain: Stories of the Chinese in the New World* (1989), *Ghost Train* (1996), *Dead Man's Gold and Other Stories* (2002), and *The Bone Collector's Son* (2003).

Paul Yee est né à Spalding en Saskatchewan en 1956 et a grandi dans le quartier chinois de Vancouver. Il détient un diplôme de l'Université de la Colombie-Britannique. Il a occupé un poste d'archiviste à Vancouver puis de conseiller en matière de politiques pour le ministère de la Culture de l'Ontario. Paul Yee a signé plusieurs œuvres, dont *The Curses of Third Uncle* (1986), *Saltwater City: An Illustrated History of the Chinese in Vancouver* (1988), *Tales from Gold Mountain: Stories of the Chinese in the New World* (1989), *Le Train fantôme*, traduction de *Ghost Train* (1996), *Dead Man's Gold and Other Stories* (2002) et *The Bone Collector's Son* (2003).

## YOUNG, IAN

Ian Young was born in 1945 in London, England. He became involved in the gay movement as an activist, publisher, and writer in the 1960s. His work includes *Year of the Quiet Sun* (1969), *Invisible Words* (1974), and *Sex Magick* (1986). He has edited *The Male Muse: A Gay Anthology* (1973), *On the Line: New Gay Fiction* (1981), and *The Son of the Male Muse: New Gay Poetry* (1983). He has also published several bibliographical documents, including *The AIDS Dissents: An Annotated Bibliography* (1993).

Ian Young est né à Londres en Angleterre, en 1945. Durant les années 60, il a milité pour la cause gaie et est devenu directeur de publication et rédacteur. Il a signé *Year of the Quiet Sun* (1969), *Invisible Words* (1974) et *Sex Magick* (1986). Il a dirigé *The Male Muse: A Gay Anthology* (1973), *On the Line: New Gay Fiction* (1981) et *The Song of the Male Muse: New Gay Poetry* (1983). Il a aussi publié quelques documents bibliographiques, dont *The AIDS Dissents: An Annotated Bibliography* (1993).

## YOUNG, LÉLIA

Lélia Young est née en 1950 en Tunisie. Après avoir vécu en France, au Québec, au New Jersey et au Massachusetts, elle s'est installée à Toronto en 1976. Elle détient un doctorat en linguistique de l'Université de Montréal et est professeure au Département d'études françaises de l'Université York. Poète et nouvelliste engagée, elle a notamment collaboré à plusieurs dictionnaires, anthologies et revues littéraires dont le *Dictionnaire des citations littéraires de l'Ontario français depuis 1960*, *LittéRéalité*, *Liaison*, *Le Sabord*, *Tribune juive*, *Le Maghreb littéraire* et *Les Cahiers de la femme*.

Lélia Young was born in 1950. Originally from Tunisia, she has lived in France, Quebec, New Jersey, and Massachusetts, and is presently living in Toronto since 1976. She holds a doctoral degree in Linguistics from the University of Montreal and teaches in the Department of French Studies at York University. A poet and accomplished novelist, she is a contributor to dictionaries, anthologies, and literary journals, including *Dictionnaire des citations littéraires de l'Ontario français depuis 1960*, *LittéRéalité*, *Liaison*, *Le Sabord*, *Tribune juive*, *Le Maghreb littéraire*, and *Les Cahiers de la femme*.

# Notices biographiques – Traducteurs

# Biographical Notes – Translators

## DesRuisseaux, Pierre

Pierre DesRuisseaux is a poet, translator, anthologist, and authority on Quebec popular culture. Born in Sherbrooke, Quebec in 1945, he is the author of many volumes of poetry, non-fiction, and fiction. His poetry collection *Monème* won the Governor General's Award in 1989. He has translated a number of books from English into French, including *Gabriel Dumont: le chef des Métis et sa patrie perdue* in collaboration with François Lanctôt, for which he received the Translation Award of the Canada Council for the Arts. He is also the author of numerous works devoted to current Quebec culture.

Pierre DesRuisseaux est poète, traducteur, anthologiste et spécialiste de la culture vivante du Québec. Né à Sherbrooke en 1945, il a publié maints recueils de poésie, textes de fiction et autres. Son recueil intitulé *Monème* a remporté le prix du Gouverneur général en 1989. Il a traduit de nombreux ouvrages de l'anglais au français, dont *Gabriel Dumont: le chef des Métis et sa patrie perdue*, en collaboration avec François Lanctôt, travail qui lui a valu le prix de Traduction du Conseil des Arts du Canada. Il est aussi l'auteur de nombreux écrits sur la culture québécoise contemporaine.

## WINKLER, DONALD

Born in Winnipeg in 1940, Donald Winkler is a filmmaker and translator who has lived in Montreal for many years. From 1967 to 1995 he worked as a film director and writer at the National Film Board of Canada. He is also a published translator of Quebec writing and in 1994 he was the recipient of the Governor General's Award for French to English translation (*The Lyric Generation: The Life and Times of the Baby Boomers*). His literary documentaries include films on the poets Earle Birney, Ralph Gustafson, Irving Layton, P. K. Page, Al Purdy, and F. R. Scott.

Né à Winnipeg en 1940, Donald Winkler est un cinéaste et traducteur qui a vécu à Montréal pendant de nombreuses années. De 1967 à 1995, il a été réalisateur et scénariste à l'Office national du film du Canada. Depuis plus de vingt ans, il traduit et publie de la littérature québécoise. En 1994, il a remporté le prix du Gouverneur général pour la traduction d'un ouvrage du français à l'anglais (*The Lyric Generation: The Life and Times of the Baby Boomers*). Sa production cinématographique inclut des documentaires sur les poètes Earle Birney, Ralph Gustafson, Irving Layton, P. K. Page, Al Purdy et F. R. Scott.

# BIBLIOGRAPHIE

ACQUELIN, José. 1995. « (Quatre courts poèmes) ». *L'oiseau respirable : poésie*. Montréal : Les Herbes rouges. P. 56, 67, 80 et 83.

ALONZO, Anne-Marie. 1991. « Ce qui de moi s'évade ». *Lectures plurielles*. Collectif sous la direction de Norma Lopez-Therrien. Montréal : Logiques. P. 15-16.

BERSIANIK, Louky. 1980. « La splendeur ». *Maternative : les pré-Ancyl*. Montréal : VLB éditeur. P. 59.

BOISVERT, Nathalie. 1998. « Home ». *Estuaire*. Ottawa : s. n. N° 92. P. 30-31.

BOUCHER, Denise. 1978. Sans titre. *Cyprine : [essai-collage pour être une femme]*. Montréal : Éditions de l'Aurore. Collection Connaissance des pays québécois : L'Expérience individuelle. P. 12.

BRUN, Christian. 1998. « Compost ». *Hucher parmi les bombardes*. Moncton, N.-B. : Éditions Perce-Neige. Collection Poésie. P. 45-46.

CHARRON, Josée-Anne. 1998. "If the Yankees let one rip". *Swidden Fileds: A University of Ottawa Anthology*. By the authors. Ottawa: Friday Circle

CHIASSON, Herménégilde. 1986. « Amériques ». *Prophéties : poésie*. Moncton, N.-B. : Michel Henry. P. 53.

COTNOIR, Louise. 1984. Sans titre. *Les rendez-vous par correspondance ; suivi de Les prénoms*. Montréal : Éditions du Remue-ménage. Collection Connivences ; 2. P. 66.

D'ALFONSO, Antonio. 2001. « Montréal ». *Comment ça se passe*. Montréal : Éditions du Noroît. P. 11-12.

DESBIENS, Patrice. 2000. « La chérie canadienne ». *Sudbury : (poèmes 1979-1985) ; L'espace qui reste, suivi de Sudbury, suivi de Dans l'après-midi cardiaque : poésie*. Sudbury : Prise de parole. P. 44-45.

DESPRÉS, Ronald. 1974. « Nuit de la poésie acadienne ». *Paysage en contrebande... : à la frontière du songe : choix de poèmes, 1956-1972.* Moncton : Éditions d'Acadie. P. 12-13.

DICKSON, Robert. 1982. « Au nord de notre vie ». *Poèmes et chansons du Nouvel Ontario.* Ottawa : Prise de Parole. P. 10-11.

ÉTIENNE, Gérard. 1982. « Il neige dehors... ». *Cri pour ne pas crever de honte.* Montréal : Éditions Nouvelle Optique. Collection Poésie/ Nouvelle Optique. P. 49-51.

GARCIA, Juan. 1967. « Compagnons de la neige ». *Alchimie du corps.* Montréal : Éditions de l'hexagone. P. 28.

GHALEM, Nadia. 1980. « À l'amitié ». *Exil : poèmes.* [Montréal : N. Ghalem]. Exemplaire 95/100. P. 18-19.

LACELLE, Andrée. 1998. « Le saut ». *La vie rouge : poésie.* Ottawa : Éditions du Vermillon. Avec sept huiles sur papier de Cyrill Bonnes. Collection Rameau de ciel ; 23. P. 26.

LALONDE, Michèle. 1979. « Apatrie ». *Défense et illustration de la langue québécoise : suivie de prose & poèmes.* Paris : Seghers : Laffont. Collection Change. P. 49-50.

LEBLANC, Charles. 1988. « Le sacre du printemps ». *D'amours et d'eaux troubles : textes sur la fraîcheur : poèmes 1984-1987.* Saint-Boniface, Man. : Éditions du Blé. Collection Rouge ; 9. P. 65-66.

LEBLANC, Gérald. 1995. « Éloge du chiac ». *Éloge du chiac : poésie.* Moncton : Éditions Perce-Neige. P. 11-12.

LTAIF, Nadine. 1987. Sans titre. *Les métamorphoses d'Ishtar.* Montréal : Guernica. Collection Voix ; 3. P. 45-46.

MATHIEU, Louve (Maïkam). [1999]. « L ». *Louve Mathieu, montagnaise. Poésie montagnaise entre la rivière et la mer.* Poème publié dans le site Web de l'auteur. URL http://www.tempslibres.org/louve/fr/centre.html.

MICONE, Marco. 2001. « Speak what ». *Speak what.* Suivi d'une analyse de Lise Gauvin. Montréal : VLB éditeur. Collection Poésie.

MOHTASHAMI-MAALI, Arash. 1997. « Rêve sans retour ». *La tour du silence ; suivi de Retours fables : poèmes.* Toronto : Éditions du GREF. Collection Écrits torontois ; 10. P. 22.

MONETTE, Hélène. 1999. « Chant 93 ». *Le blanc des yeux : poésie.* Montréal : Boréal. P. 43-44.

NEPVEU, Pierre. 1997. « Le fantôme d'Anthony Griffin à Côte-des-Neiges ». *Romans-Fleuves*. Montréal : Éditions du Noroît. P. 39.

THÉRIEN, Michel A. 2000. « Cortèges ». *Corps sauvage : poèmes*. Orléans, Ont. : Édtions David ; Trois-Rivières, QC: Éditions d'art Le Sabord. Collection Rectoverso. P. 71.

TORRES SASO, Salvador. 1989. « En défense de la langue ». *La présence d'une autre Amérique : anthologie des écrivains latino-américains du Québec*. Par les auteurs. Montréal : Éditions de la Naine Blanche. P. 55.

VAN SCHENDEL, Michel. 1958. « Amérique étrangère ». *Poèmes de l'Amérique étrangère*. Montréal : Hexagone. Collection Les Matinaux ; 10. P. 5-8.

YOUNG, Lélia. 1993. « Handicapée ». *Entre l'outil et la matière : textes poétiques*. Toronto : Éditions du GREF. Collection Écrits torontois ; 4. Illustrations de l'auteure. P. 44.

# BIBLIOGRAPHY

ACORN, Milton. "I've Tasted My Blood." *Dig Up My Heart: Selected Poems 1952-83*. Toronto: McClelland and Stewart, 1983. 130.

AKIWENZIE-DAMM, Kateri. "poem without end #3." *Remembered Earth: Volume I*. Eds. C. Lance, M. Scala, and M. Spence. Ottawa: Bywords, 1995. 8-9.

ATWOOD, Margaret. "The Animals in that Country." *Selected Poems 1966-1984*. Toronto: Oxford University Press, 1990. 40.

BRAND, Dionne. "I am not that strong woman." *Eyeing the North Star: Directions in African-Canadian Literature*. Ed. George Elliott Clarke. Toronto: McClelland & Stewart, 1997. 122-3.

CHARRON, Josée-Anne. 1998. "If the Yankees let one rip". *Swidden Fileds: A University of Ottawa Anthology*. By the authors. Ottawa: Friday Circle

CLARKE, George Elliott. "Vision of Justice." *Eyeing the North Star: Directions in African-Canadian Literature*. Ed. George Elliott Clarke. Toronto: McClelland & Stewart, 1997. 230.

COHEN, Leonard. "What I'm Doing Here." *Flowers for Hitler*. Toronto: McClelland and Stewart, 1964. 13.

CRUSZ, Rienzi. "Conversations with God About My Present Whereabouts." *Another Way to Dance: Contemporary Asian Poetry from Canada and the United States*. Ed. Cyril Dabydeen. Toronto: TSAR, 1996. 43-5.

DABYDEEN, Cyril. "For Columbus." *Another Way to Dance: Contemporary Asian Poetry from Canada and the United States*. Ed. Cyril Dabydeen. Toronto: TSAR, 1996. 50-1.

DI MICHELE, Mary. "Enigmatico." *Italian Canadian Voices: An Anthology of Poetry and Prose, 1946-1983*. Ed. Caroline Morgan DiGiovanni. Oakville: Mosaic Press, 1984. 51.

FIAMENGO, Marya. "In Praise of Old Women." *In Praise of Old Women.* Ottawa: Valley Editions, 1976. n.p.

GASPARINI, Len. "Il Sangue." *Italian Canadian Voices: An Anthology of Poetry and Prose, 1946-1983.* Ed. Caroline Morgan DiGiovanni. Oakville: Mosaic Press, 1984. 53.

IRIE, Kevin. "An Immigrant's Son Visits the Homeland." *Another Way to Dance: Contemporary Asian Poetry from Canada and the United States.* Ed. Cyril Dabydeen. Toronto: TSAR, 1996. 86-87.

KLEIN, A. M. "Montreal." *A. M. Klein: Selected Poems.* Eds. Zailig Pollock, Seymour Mayne, and Usher Caplan. Toronto: University of Toronto Press, 1997. 89-91.

KOGAWA, Joy. "What do I Remember of the Evacuation." *Paper Doors: An Anthology of Japanese-Canadian Poetry.* Eds. Gerry Shikatani and David Aylward. Toronto: The Coach House Press, 1981. 148-9.

LAYTON, Irving. "To the Victims of the Holocaust." *A Wild Peculiar Joy: Selected Poems 1945-82.* Toronto: McClelland and Stewart, 1982. 149.

LIVESAY, Dorothy. "The Secret Doctrine of Women." *The Phases of Love.* Toronto: Coach House Press, 1983. n.p.

LOWTHER, Pat. "It Happens Every Day." *A Stone Diary.* Toronto: Oxford University Press, 1977. 74.

MARLATT, Daphne. "kore." *Touch to My Tongue.* Edmonton: Longspoon Press, 1984. 23.

MAYNE, Seymour. "Before Passover." *The Impossible Promised Land: Poems New and Selected.* Oakville: Mosaic Press, 1981. 75.

MAZZA, Antonino. "Canadese." *Italian Canadian Voices: An Anthology of Poetry and Prose, 1946-1983.* Ed. Caroline Morgan DiGiovanni. Oakville: Mosaic Press, 1984. 55.

ONDAATJE, Michael. "The Cinnamon Peeler." *Secular Love.* Toronto: The Coach House Press, 1984. 88-89.

PARAMESWARAN, Uma. "Chander I." *Another Way to Dance: Asian-Canadian Poetry.* Ed. Cyril Dabydeen. Stratford, ON: Williams-Wallace, 1990. 90.

PURDY, Al. "The Country North of Belleville." *The Collected Poems of Al Purdy.* Ed. Russell Brown. Toronto: McClelland and Stewart, 1986. 61-62.

ROTCHIN, B. Glen, "The Lot." *Remembered Earth: Volume II.* Eds. M. Scala. and G. Guth. Ottawa: Bywords, 1997. 24-5.

RUFFO, Armand Garnet. "Poem for Duncan Campbell Scott." *Opening in the Sky.* Penticton: Theytus Books, 1994. 25.

WADDINGTON, Miriam. "Why Should I Care About the World." *Collected Poems.* Toronto: Oxford University Press, 1986. 226-7.

WONG-CHU, Jim. "fourth-uncle." *Another Way to Dance: Contemporary Asian Poetry from Canada and the United States.* Ed. Cyril Dabydeen. Toronto: TSAR, 1996. 235.

YEE, Paul. "Last Words II." *Many-Mouthed Birds: Contemporary Writing by Chinese Canadians.* Eds. Bennett Lee and Jim Wong-Chu. Vancouver: Douglas & McIntyre, 1991. 180.

YOUNG, Ian. "For Constantine Cavafy." *Common-or-Garden Gods.* Scarborough: Catalyst, 1976. 34.

# AUTORISATIONS

# PERMISSIONS

### POÈTES/POETS

ACORN, MILTON: Reprinted with permission from The Estate of Milton J.R. Acorn, poet.

ACQUELIN, JOSÉ : Réimprimé avec l'autorisation des Éditions Les Herbes rouges.

AKIWENZIE-DAMM, KATERI: Reprinted with permission from Kateri Akiwenzie-Damm.

ALONZO, ANNE-MARIE : Réimprimé avec l'autorisation des Éditions Logiques.

ATWOOD, MARGARET:

Canadian:

> From *Selected Poems: 1966-1984* by Margaret Atwood. Copyright © 1990 Oxford University Press Canada. Reprinted by permission from the publisher.

American:

> "The Animals in that Country" from *Selected Poems, 1965-1975* by Margaret Atwood. Copyright © 1976 by Margaret Atwood. Reprinted by permission of Houghton Mifflin. All rights reserved.

BERSIANIK, LOUKY : Réimprimé avec l'autorisation de Louky Bersianik.

BOISVERT, NATHALIE : Réimprimé avec l'autorisation de Nathalie Boisvert.

BOUCHER, DENISE : Réimprimé avec l'autorisation de Denise Boucher.

BRUN, CHRISTIAN : Réimprimé avec l'autorisation de Christian Brun.

CHARRON, JOSÉE-ANNE: Reprinted with permission from Josée-Anne Charron.

CHIASSON, HERMÉNÉGILDE : Réimprimé avec l'autorisation de Hermé-négilde Chiasson.

CLARKE, GEORGE ELLIOT: Reprinted with permission from George Elliot Clarke.

COHEN, LEONARD: Reprinted with permission from Leonard Cohen.

COTNOIR, LOUISE : Réimprimé avec l'autorisation de Louise Cotnoir.

CRUSZ, RIENZI: Reprinted with permission from Rienzi Crusz.

D'ALFONSO, ANTONIO : Réimprimé avec l'autorisation des éditions du Noroît.

DABYDEEN, CYRIL: Reprinted with permission from Cyril Dabydeen.

DESBIENS, PATRICE : Réimprimé avec l'autorisation des Éditions Prise de parole.

DESPRÉS, RONALD : Réimprimé avec l'autorisation de Ronald Després.

DICKSON, ROBERT : Réimprimé avec l'autorisatin des Éditions Prise de parole.

DI MICHELE, MARY: Reprinted with permission from Mary di Michele.

ÉTIENNE, GÉRARD : Réimprimé avec l'autorisation de Gérard Étienne.

FIAMENGO, MARYA: Reprinted with permission from Marya Fiamengo.

GARCIA, JUAN : Réimprimé avec l'autorisation du groupe Ville-Marie Littérature.

GASPARINI, LEN: Reprinted with permission from Len Gasparini.

GHALEM, NADIA : Réimprimé avec l'autorisation de Nadia Ghalem.

IRIE, KEVIN: Reprinted with permission from Kevin Irie.

KLEIN, A.M.: Reprinted with permission from the University of Toronto Press.

KOGAWA, JOY: Reprinted with permission from Joy Kogawa.

LACELLE, ANDRÉE : Réimprimé avec l'autorisation d'Andrée Lacelle.

LALONDE, MICHÈLE : Réimprimé avec l'autorisation de l'éditeur Seghers : Laffont.

LAYTON, IRVING: "To the Victims of the Holocaust" from *A Wild and Peculiar Joy* by Irving Layton © 1982, 2004. Published by McClelland & Stewart Lts. Used with permission of the publisher.

LEBLANC, CHARLES : Réimprimé avec l'autorisation des Éditions du Blé.

LEBLANC, GÉRALD : Réimprimé avec l'autorisation des Éditions Perce-Neige.

LIVESAY, DOROTHY: Reprinted with permission from Jay Stewart, Literary Executrix for the Estate of Dorothy Livesay.

LOWTHER, PAT: Reprinted with permission from Chris Lowther.

LTAIF, NADINE : Réimprimé avec l'autorisation de Nadine Ltaif.

MARLATT, DAPHNE: Reprinted with permission from Daphne Marlatt.

MATHIEU, LOUVE (MAÏKAM) : Réimprimé avec l'autorisation de Louve Mathieu Verreault.

MAYNE, SEYMOUR: Reprinted with permission from Seymour Mayne.

MAZZA, ANTONINO: Reprinted with permission from Antonino Mazza.

MICONE, MARCO : Réimprimé avec l'autorisation du groupe Ville-Marie Littérature.

MOHTASHAMI-MAALI, ARASH : Réimprimé avec l'autorisation des Éditions du GREF.

MONETTE, HÉLÈNE : Réimprimé avec l'autorisation des Éditions du Boréal.

NEPVEU, PIERRE : Réimprimé avec l'autorisation des Éditions du Noroît.

ONDAATJE, MICHAEL: Reprinted with permission from Michael Ondaatje.

PARAMESWARAN, UMA: Reprinted with permission from Uma Parameswaran.

PURDY, AL: Reprinted with permission from Harbour Publishing.

ROTCHIN, B. GLEN: Reprinted with permission from B. Glen Rotchin.

RUFFO, ARMAND GARNET: Reprinted with permission from Armand Garnet Ruffo.

THÉRIEN, MICHEL A. : Réimprimé avec l'autorisation de Michel A. Thérien.

TORRES SASO, SALVADOR : Réimprimé avec l'autorisation de Salvador Torres Saso.

VAN SCHENDEL, MICHEL : Réimprimé avec l'autorisation du groupe Ville-Marie Littérature.

WADDINGTON, MIRIAM: Reprinted with permission from Jonathan Waddington.

WONG-CHU, JIM: Reprinted with permission from Jim Wong-Chu.

YEE, PAUL: Reprinted with permission from Paul Yee.

YOUNG, IAN: Reprinted with permission from Ian Young.

YOUNG, LÉLIA : Réimprimé avec l'autorisation des Éditions du GREF.

## TRADUCTEURS/TRANSLATORS

ALBERT, MICHEL : Réimprimé avec l'autorisation de Michel Albert. Reprinted with permission from Michel Albert.

ALLARD, DIANE : Réimprimé avec l'autorisation de Diane Allard. Reprinted with permission from Diane Allard.

BILLARD, JEAN-ANTONIN : Réimprimé avec l'autorisation de Jean-Antonin Billard. Reprinted with permission from Jean-Antonin Billard.

BRODEUR, LÉO : Réimprimé avec l'autorisation d'Isabelle Brodeur. Reprinted with permission from Isabelle Brodeur.

FRANCIÈRE, ARLETTE : Réimprimé avec l'autorisation d'Arlette Francière. Reprinted with permission from Arlette Francière.

GARNEAU, MICHEL : Réimprimé avec l'autorisation du groupe Ville-Marie Littérature. Reprinted with permission from Ville-Marie Littérature.

GIROUX, ROBERT : Réimprimé avec l'autorisation de Robert Giroux. Reprinted with permission from Robert Giroux.

GRANDMANGIN, MONIQUE : Réimprimé avec l'autorisation de Monique Grandmangin. Reprinted with permission from Monique Grandmangin.

MARCHAND, JACQUES : Réimprimé avec l'autorisation de Jacques Marchand. Reprinted with permission from Jacques Marchand.

MARCOTTE, GILLES : Réimprimé avec l'autorisation de Gilles Marcotte. Reprinted with permission from Gilles Marcotte.

MELANÇON, CHARLOTTE ET ROBERT MELANÇON : Réimprimé avec l'autorisation de Charlotte Melançon. Reprinted with permission from Charlotte Melançon.

# Index of First Lines of Poems

"A / ban / ner de / ordinary / stripes, rouge / and white" (Charron), 113.

"A borrowed land / Hung on memory's hanger" (Després), 45.

"America America / Carnivorous land fissured with desire" (Van Schendel), 105.

"Anaesthesia / winter is done / ruminating on street corners" (Leblanc, C.), 69.

"Because life for him / has been labour and struggle," (Mazza), 178.

"Before Passover there in the old flat / who searched at the underside of curtains," (Mayne), 174.

"Bush land scrub land — / Cashel Township and Wollaston" (Purdy), 188.

"Cadaverous sovereigns, *they* starve us" (Monette), 93.

"children crawl into / dumped refrigerators;" (Lowther), 170.

"Different from my coming into the world, different dissimilar marginal as well" (Alonzo), 17.

"Forget us / if you must. / But if you must / remember us." (Yee), 212.

"Gone is / the holiness / in where I / lived, my song." (Waddington), 204.

"HERE / where distance drains hearts full" (Dickson), 49.

"His limpid skin is green gold as he reclines / in a shade that crowns him with the leaves" (di Michele), 138.

"I am a daughter of the white race / born of legend and history" (Lalonde), 63.

"I am of all lands, my sex defaced." (Cotnoir), 33.

"i am the canadian / sweetheart." (Desbiens), 39.

"I come like a praying mantis / to gulp down the super-male the hero the superman" (Boucher), 25.

"I do not know if the world has lied / I have lied" (Cohen), 126.

"If I were a cinnamon peeler / I would ride your bed" (Ondaatje), 180.

"If this brain's over-tempered / consider that the fire was want" (Acorn), 114.

"I have no gift for territory / I do not yet understand the word *home*" (Boisvert), 21.

"I have seen stateless people somewhere else," (Mohtashami-Maali), 91.

"Instead of scolding me / you might have taught me / Nelligan and Michèle Lalonde" (Ghalem), 59.

"In that country the animals / have the faces of people:" (Atwood), 120.

"I see the moon hunted down, spooked from hills, / Roses hammer his coffin shut," (Elliott Clarke), 124.

"It's snowing out. Haitian slaves, chained up in the Dominican Republic, slip back into my bedroom." (Étienne), 51.

"It's so beautiful to hear you talk / of *la Romance du vin*" (Micone), 85.

"landscapes alive / here is the map of the valley of winds" (Lacelle), 61.

"let me approach you / let me touch you entire and undo you with the lightest of touches" (Bersianik), 19.

"Men of this land, liegemen of snow / you whose sole care on the edge of this world" (Garcia), 57.

"Montreal is an Italian grandmother bent over / picking a tomato from her summer garden" (d'Alfonso), 35.

"My sister writes every few months, / November and April," (Parameswaran), 184.

"Nanabush is an English professor / sitting in an ivory tower" (Akiwenzie-Damm), 116.

"no one wears yellow like you excessive and radiant storehouse of sun, skin smooth as fruit but thin, leaking light." (Marlatt), 172.

"O city metropole, isle riverain! / Your ancient pavages and sainted routs" (Klein), 152.

"Parading through the city's streets / dressed for the occasion" (Torres Saso), 103.

"Reading your book / I see you now / again in your Alexandria," (Young, I.), 214.

"Still mouth / wasted muscles / she exists" (Young, L.), 111.

"the blinded African sun / flaring amber / to your eyes" (Thérien), 101.

"The blood that moves through your language / moves through mine." (Gasparini), 146.

"the birds are flying back to us like the way they left us" (Acquelin), 15.

"the land I lug along, / let me name it / mama mia" (Brun), 27.

"There was the parking lot / outside the station." (Rotchin), 194.

"The solution is always at hand: / lurking unsuspected just around / the corner;" (Livesay), 166.

"This is a neighbourhood of deep frosts, wilted lindens" (Nepveu), 97.

"Today the sun is there and there are things the world forgets." (Ltaif), 79.

"to play in language and to laugh with it / to dream with it so as to *find out*" (Leblanc, G.), 73.

"to the wandering souls / I tend my head of hair" (Mathieu), 83.

"True, I have almost forgotten / the terraced symmetries / of the rice-paddy lands." (Crusz), 128.

"We cleave to the waterfront / like the thirst of inundated / birds." (Chiasson), 31.

"we met in victoria / we talked and discovered / our similar origins" (Wong-Chu), 208.

"What do I remember of the evacuation? / I remember my father telling Tim and me" (Kogawa), 158.

"When grapes are her breasts / And apples her skin, I am at home—" (Dabydeen), 134.

"Who is this black coat and tie? / Christian severity etched in the lines" (Ruffo), 200.

"Yes, Tadeusz Rozewicz, I too / prefer old women." (Fiamengo), 140.

"You are the future / These fathers dream of: the son" (Irie), 148.

"Your terrible deaths are forgotten; / no one speaks of them any more." (Layton), 162.

# Index des premières lignes des poèmes

« A / ban / ner de / ordinary / stripes, rouge / and white » (Charron), 113.

« Amérique Amérique / Terre carnivore aux brèches du désir » (Van Schendel), 104.

« anesthésie / l'hiver a fini / de ruminer au coin des rues » (Leblanc, C.), 68.

« Aujourd'hui le soleil est là et le monde oublie des choses. » (Ltaif), 78.

« Au lieu de me disputer / vous auriez pu m'apprendre / Nelligan et Michèle Lalonde » (Ghalem), 58.

« aux âmes errantes / je livre ma tignasse » (Mathieu), 82.

« Avant la Pâque, là-bas, dans le vieil appartement, / qui scrutait les doublures des rideaux, » (Mayne), 175.

« Bouche inerte / muscles atrophiés / elle existe » (Young, L.), 110.

« Comme sa poitrine est de raisins / Et sa peau de pommes, je suis chez moi – » (Dabydeen), 135.

« Dans ce pays-là, les animaux / ont visage d'humains : » (Atwood), 121.

« de jouer dans la langue et d'en rire / d'en rêver quand on find out / qu'on communique » (Leblanc, G.), 72.

« des paysages vivent / voici l'atlas de la vallée des vents » (Lacelle), 60.

« Différente dès la venue au monde. différente dissemblable marginale aussi. » (Alonzo), 16.

« En lisant ton livre / je te vois aujourd'hui / de nouveau dans ton Alexandrie, » (Young, I.), 215.

« Finie / la plénitude / où je / vivais, ma chanson. » (Waddington), 205.

« Hommes de ce pays, compagnons de la neige » (Garcia), 56.

« ICI / où la distance use les coeurs pleins » (Dickson), 48.

« Il est si beau de vous entendre parler / de « La Romance du vin » » (Micone), 84.

« Il est vrai que j'ai presque oublié / la symétrie des étendues / étagées des rizières. » (Crusz), 129.

« Il neige dehors. Des haïtiens esclaves, enchaînés en République dominicaine, rentrent dans ma chambre. » (Étienne), 50.

« Il y avait le parking / jouxtant le poste de police. » (Rotchin), 195.

« J'ai vu des peuples apatrides au milieu d'ailleurs, / des pays hostiles, plats et pluvieux. » (Mohtashami-Maali), 90.

« Je n'ai pas de talent pour le territoire / je n'ai pas encore compris le mot *home*. » (Boisvert), 20.

« Je ne sais pas si le monde a menti / j'ai menti » (Cohen), 127.

« Je suis de tous les pays, le sexe marqué. » (Cotnoir), 32.

« Je suis fille de race blanche / issue d'un métissage entre l'histoire et la légende » (Lalonde), 62.

« je suis la chérie / canadienne. » (Desbiens), 38.

« je viens comme une mante religieuse / dévorer le sur-mâle le héros le surhomme » (Boucher), 24.

« Je vois la lune chassée vers le bas, revenant des collines, / Des roses clouent son cercueil, » (Elliott Clarke), 125.

« laisse-moi t'approcher » (Bersianik), 18.

« La solution est toujours à portée de la main : / cachée, insoupçonnée, là, juste au tournant; » (Livesay), 167.

« le pays que je charrie, / je le nommerai / mama mia » (Brun), 26.

« Le sang qui circule dans ta langue / circule dans la mienne. » (Gasparini), 147.

« les oiseaux nous reviennent comme ils nous ont quittés » (Acquelin), 14.

« le soleil africain aveuglé / flambées d'ambre / à tes yeux » (Thérien), 100.

« Maigres souverains, *ils* nous affament » (Monette), 92.

« Marchant dans les rues / de la métropole, » (Torres Saso), 102.

« Ma soeur m'écrit deux ou trois fois par année, / en novembre et en avril, » (Parameswaran), 185.

« Montréal c'est une grand-mère italienne penchée » (d'Alfonso), 34.

« Nanabush est un professeur d'anglais / assis dans sa tour d'ivoire » (Akiwenzie-Damm), 117.

« nous nous sommes rencontrés à victoria / nous avons discuté et nous sommes découverts » (Wong-Chu), 209.

« Nous sommes greffés au bord de l'eau / comme la soif des oiseaux. » (Chiasson), 30.

« Ô cité métropolis, isle riveraine ! / Tes anciens pavements et roades sanctifiées » (Klein), 153.

« Oubliez-nous / si vous le devez. / Mais si vous le devez / souvenez-vous de nous. » (Yee), 213.

« Oui, Tadeusz Rozewicz, moi aussi / je préfère les vieilles femmes. » (Fiamengo), 141.

« Parce que la vie pour ton père » (Mazza), 179.

« personne ne porte du jaune aussi bien que toi, toi l'excessif » (Marlatt), 173.

« Quels souvenirs ai-je gardés de l'évacuation ? » (Kogawa), 159.

« Quartier des grands gels, tilleuls fanés / avec quelques saules, derniers organes / du ciel. » (Nepveu), 96.

« Qui porte ce manteau noir et cette cravate sombre ? » (Ruffo), 201.

« Sa peau limpide est d'or vert tandis qu'il repose / dans l'ombre le couronnant de feuilles » (di Michele), 139.

« Si j'étais écorceur de cannelier / je chevaucherais ton lit » (Ondaatje), 181.

« Si ce cerveau est trempé à l'excès / Sachez que le feu était la misère » (Acorn), 115.

« Terres de bois terres de brousse – / le Canton de Cashel et Wollaston » (Purdy), 189.

« un enfant se glisse / dans un frigo abandonné ; » (Lowther), 171.

« Un pays d'emprunt / Accroché au cintre de la mémoire » (Després), 44.

« Vos effroyables morts ont été oubliées / on ne parle plus de vous désormais. » (Layton), 163.

« Vous êtes l'avenir / dont les pères ont rêvé : le fils » (Irie), 149.

Typeset by Ghislain Viau, Creative Publishing Book Design
Copy-edited by Lyne St-Hilaire-Tardif
Proofread by Alex Anderson
Cover designed by Jane Fortier

Composed in 10 pt on 15.5pt Optima, a typeface created by Hermann Zapf between 1952–1955

The paper used in this publication is 60lb HannoArt.

Une typo de 10pt sur 15.5pt par Ghislain Viau, Creative Publishing Book Design

Révision Linguistique par Lyne St-Hilaire-Tardif
Correction d'épreuves par Alex Anderson
Maquette de la couverture par Jane Fortier

Imprimé sur 60lb HannoArt.

www.ingramcontent.com/pod-product-compliance
Lightning Source LLC
Chambersburg PA
CBHW052056230426
43662CB00037B/1904